谨以此书献给王瑶先生诞辰110周年

风雨读师

陈平原 著

河北出版传媒集团
河北教育出版社

图书在版编目（CIP）数据

风雨读师/陈平原著.－－石家庄：河北教育出版社，2024.6
 ISBN 978-7-5545-8460-6

Ⅰ.①风… Ⅱ.①陈… Ⅲ.①王瑶－学术思想－文集 Ⅳ.①K825.6-53

中国国家版本馆CIP数据核字(2024)第067466号

风雨读师
FENGYU DU SHI

作　　者	陈平原	
策　　划	董素山	
责任编辑	汪雅瑛　刘书芳　赵　磊	
责任校对	张　畅	
装帧设计	牛亚勋	
出版发行	河北出版传媒集团	
	河北教育出版社　http://www.hbep.com	
	（石家庄市联盟路705号，050061）	
印　　制	河北新华第一印刷有限责任公司	
开　　本	890mm×1240mm　1/16	
印　　张	20.75	
字　　数	200千字	
版　　次	2024年6月第1版	
印　　次	2024年6月第1次印刷	
书　　号	ISBN 978-7-5545-8460-6	
定　　价	98.00元	

版权所有，翻印必究

序

自1984年9月入燕园攻读博士学位，到1989年12月王瑶先生病逝，满打满算，我亲承教诲的时间只有五年半。但先生去世后，我通过阅读遗著、参与编书、讲授课程、组织纪念研讨会等，一直与其保持学术及精神上的对话。可作为印证的，便是这册小书。

本书写写停停，持续了三十五年，打前锋的是1989年底的《为人但有真性情》（后并入《念王瑶先生》），殿后的则是刚刚完工的系列短文《风雨读师四十载》。全书收文十篇，长短不一，体例也迥异——上编三文稍成规模，采用页下注；下编七文则文中夹注。最后附录王瑶先生研究资料，以供学界参考。

因写作时间跨度太大，各文之间不免有重复处，这点只能敬请谅解了。我还有若干关于王瑶先生的短文，因比较零碎不拟收录，采用引述或注释的形式呈现。另外，考虑到《中古文学史论》《中国新文学史稿》等名著学界多有辨析与论述，这里就不再展开；反而是师道之尊、师生情谊以及为师诀窍等，值得认真抉发，故本书多有涉及。

这不是评传，也不是论著，而是从某一弟子的立场出发、明显带有个人感情的"杂说"。其中很多引申发挥，更像是工作汇报——主要讲述王先生去世后，学界以及我本人的思考与作业。

此次有机缘参与组织王瑶先生诞辰110周年纪念活动（包括河北教育出版社重刊《王瑶全集》、北大出版社重刊"王瑶著作系列"、中国现代文学馆策划"王瑶先生学术文献展"、北大中文系及北大现代中国人文研究所组织王瑶先生学术研讨会、北大文研院与北大出版社合作推出《王瑶画传》，以及眼下这册小书），我深感荣幸与欣慰。所谓"薪火相传"，此之谓也。

2024年3月8日于京西圆明园花园

目 录

◆ 上 编

3　念王瑶先生

4　一、文章缘起
8　二、从古典到现代
18　三、中古文学研究的魅力
29　四、最后一项工程
38　五、大学者应有的素质
45　六、为人但有真性情

53　八十年代的王瑶先生

56　一、三代人的共同舞台
61　二、作为学者的遗憾

68 三、作为导师的骄傲
73 四、作为路标的意义

81 风雨读师四十载

82 一、小引
85 二、奇妙的师生缘分
96 三、未名湖边的身影
109 四、镜春园的笑声
123 五、大树倒下后的回响
139 六、著作重刊与全集编纂
152 七、薪火如何相传
166 八、永远的鞭策与未完的阐释

◆ 下 编

183 "好读书"与"求甚解"
　　——我的"读博"经历

195 博士论文只是一张入场券
　　——答《中华读书报》记者祝晓风问

211 学术史视野中的王瑶先生
　　——答北京大学张丽华博士问

227 书比人长寿
　　——典藏版《中古文学史论》小引

237 我读鲁迅四十年
　　——《〈中国小说史略〉校注》后记

263 我的教育理念及实践

281 博士生导师的责任与边界

296 王瑶先生研究资料（1980—2023）

上编

王瑶先生

念王瑶先生

一、文章缘起

猛然间想起，我的导师王瑶先生去世已经将近十年了。

"十年生死两茫茫"，东坡居士的咏叹，千古之下，其涵义已远远超越儿女情长。在我看来，"不思量，自难忘"的，应包括古往今来无数"凡夫俗子"对于远逝的亲人、师友乃至同道的思念之情。

十年前的这个时候，由于特殊的因缘，我与王瑶先生有了更多聊天的机会。在"纵论天下风云"的同时，先生不只一次叮嘱我"要沉得住气"。说这句话时，先生挥舞着烟斗，一脸刚毅。

那年年底，先生不幸仙逝，在悼念文章中，我以这么一句大白话结尾："我不能不谨慎着我的每一个脚步。"十年过去了，唯一可以告慰先生的是，虽有过不少春风与秋雨、忧伤与得意，但总的来说，还算把握得住自己。

作为学者，有无大成，受自身学力、才情以及外在环境的限制，勉强不得。能够祈求的，只能是尽可能少走弯路，别摔大跟头。当初先生提出告诫时，之所以声色俱厉，乃基于自家"文化大革命"中虚度年华的惨痛教训。十年后回首，忽然从先生的"刚毅"中读出一丝无奈和悲凉来。因为，学者专心治学，"走自己的路，让别人说去"，如此"卑微"的诉求，也值得先生耿耿于

在清华大学研究院中国文学部读研究生时的王瑶先生（1945年）

在北京大学中文系任教时的王瑶先生（1961年）

怀，可见其巨大的隐忧。还好，十年问学，道路比原先设想的平坦，磕磕撞撞中，豪气与傲气依旧。

不知不觉中，我陆续发表了五篇涉及王瑶先生学问及人品的文章。此回清点，大为惊讶，不经意中，五篇文章竟互有趋避，而且思路大致连贯。调整一下章节顺序，再略作增删，便俨然成了一篇洋洋洒洒的"大文章"。不过，应该坦白交代，从题目的拟定到连缀成文的写作思路，乃有意沿袭王先生的《念朱自清先生》。

初读《念朱自清先生》，感觉极佳。私心以为，此篇以及《论鲁迅作品与中国古典文学的历史联系》《自我介绍》三文，乃王瑶先生平生著述中最为神定气足的"好文章"。前者共九节，并非一气呵成，而是断断续续，写了将近四十年。

1948年，朱自清先生刚去世时，王先生连续发表《悼朱佩弦师》《朱自清先生的学术研究工作》《十日间——朱佩弦师逝世前

王瑶先生和夫人在中关园住所前院

后记》和《邂逅斋说诗缀忆》四文。为纪念朱先生逝世一、二周年,王先生又相继发表《朱自清先生的日记》和《朱自清先生的诗与散文》。这六则短文,后被连缀起来,冠以总题《念朱自清先生》,收入平明出版社1953年版《中国文学论丛》。1980年,王先生撰写《先驱者的足迹——读朱自清先生遗稿〈中国新文学研究纲要〉》,介绍"始终忠于'五四'精神,忠于民主和科学的理想"的朱先生,如何用一种特殊的目光"关注新文学的成长",并由此开拓了一全新的研究领域。1987年北京三联书店出版《完美的人格——朱自清的治学和为人》,开篇即是王先生的《念朱自清先生》。不过,该文摇身一变,由六节转为九节。编者在"序"中引述王先生来信,称此文"其中有一部分是旧稿,有一部分是新写的"。除增加已有成稿的"《中国新文学研究纲要》",将原先的"诗与散文"扩展成"新诗创作"和"散文艺术"两节,再就是补写了"新诗理论"。文末没有完稿日期,不过,根据《完美的人格》一书所收新作多完成于1984年冬至1985年夏,可以大致推断此文的定稿时间。

  与《念朱自清先生》相比,我的十年一文,也就显得"小巫见大巫"了。考虑到不少师长比我更了解王先生,而且天津人民出版社1990年版《王瑶先生纪念集》和河南大学出版社1996年版《先驱者的足迹——王瑶学术思想研究论文集》流传甚广,没必要再做一般性的介绍,只谈我对先生的特殊感受,而不承担全面表彰的责任。这种论述视野的自我限制,使得本文无法与《念朱自清先生》相提并论。但有一点巧合,我与王先生都在"连缀成文"时,把最先写作的悼念之文放在最后。之所以如此布置,王先生的真实想法无从揣摩,至于我自己,则是基于如下考虑:学术乃天下之公器,谈论已经进入学术史的王先生,必须出于公心,而不得随意褒贬;至于作为追随六载的入室弟子,我同样珍视自己对于师长的温情与感觉。希望兼得鱼与熊掌,于是便有了以下"先公后私"的诸多文字。

二、从古典到现代

王瑶先生无疑主要以中国现代文学研究知名于世：一部《中国新文学史稿》，奠定了这一学科的坚实根基；十年中国现代文学研究会会长，更使得这一学科在八十年代大放异彩。可王先生在中国古典文学研究方面，同样卓然成家——这点凡读过《中古文学史论》的，大概都不会有异议。

王先生早年在西南联大师从朱自清先生研究魏晋文学，五十年代初改教新文学史，自称是"半路出家，不务正业"。五十年代中期以后，先生基本上不再撰写关于中国古典文学的研究论著，可并没有完全告别魏晋玄言和隋唐风韵。先生晚年"旧态复萌"，喜谈阮籍、嵇康、陶潜、李白和杜甫，甚为关注这几个研究课题的进展，不时发表零星但相当精采的见解，让来访者大吃一惊。可每当有人建议先生"重回魏晋走一遭"时，先生又总以"廉颇老矣"应对。

王先生晚年常自称是古典文学研究的"逃兵"，没有发言权；可接下来马上又高谈阔论，讨论起这一领域里某些非常专门的问题。常有来访者因此恭维先生宝刀未老，仍是古典文学研究专家；每当这个时候，先生总是不无得意地谦称是"业余爱好者"，只能进行"学术聊天"。了解学界的进展，知道如何突破，可精神和体

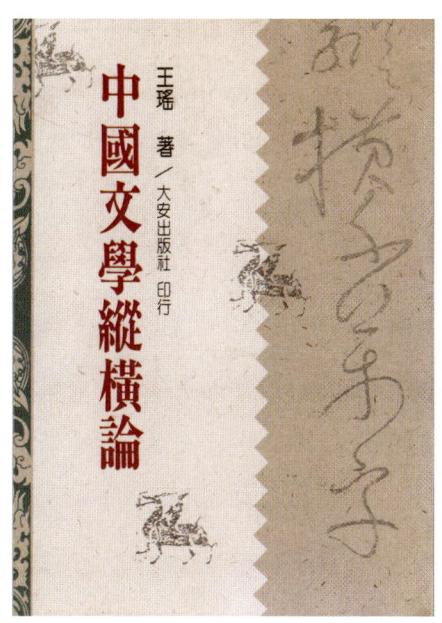

《中国文学纵横论》
（大安出版社 1993 年版）

力不济,无法从事专门研究,故先生晚年喜欢帮后学出主意、理思路,或者"辨章学术,考镜源流"。先生治学主张"识大体",好多具体课题其实他没有做过专门研究,可仍能非常敏锐地把握研究者的思路并判断其学术价值。这种特殊的本事,除了得益于其学识与修养外,更与其治学道路及由此而形成的学术眼光大有关系。

先生晚年为台湾一家书局编过一部自选集,题目就叫《从古典到现代》,拟收入他在古典文学和现代文学两个研究领域的若干论文。只可惜后来书局出于销售考虑,未采用这个书名。表面上兼收两个研究领域的论文,有点紊乱;可这正是先生一生的学术追求及长处所在。这主要还不是指研究范围,而是指学术眼光:

以现代观念诠释古典诗文,故显得"新";以古典修养评论现代文学,故显得"厚"。求新而不流于矜奇,求厚而不流于迂阔,这点很不容易。

在现代文学界,王先生的古典文学修养有口皆碑。从五十年代的《论鲁迅作品与中国古典文学的历史联系》,到八十年代的《〈故事新编〉散论》,此类真正无可替代的名篇之得以完成,都是凭借其雄厚的国学根基。先生晚年述学,一个重要特点就是强调五四新文学与中国传统文学的历史联系,纠正世人将新旧文学截然对立起来的偏见。八十年代初,先生在好多演讲及论文中大谈"中国现代文学和民族传统的关系",重新评析"桐城谬种""选学妖孽"之类的口号,强调五四一代作家只是反对模仿,提倡创造,而并非真的"要打倒中国古典文学"。1986年,先生更发表《中国现代文学与古典文学的历史联系》,从内在精神、创作手法以及小说、诗歌、散文、戏剧等不同艺术形式的承传,看"中国向来的魂灵"和"固有的东方情调"如何内在地制约着中国现代文学的发展,论证现代文学史上的大作家、大作品"都不同程度地浸润着民族文化传统,特别是中国古典文学的滋养"[1]。先生去世以前完成的最后一篇论文《"五四"时期对中国传统文学的价值重估》,更是旗帜鲜明地强调:"本世纪对于中国传统的科学整理和研究,做出最卓越的贡献者,恰恰是高举五四新文化运动和文学革命旗

---

[1] 王瑶:《中国现代文学与古典文学的历史联系》,《北京大学学报》1986年5期。

帜的那一代。"[1]这一切，不只体现了先生个人的学术追求，更对整个现代文学界逐渐摆脱将五四新文学只是作为西方文学的模仿这一偏向起了决定性作用。

强调新旧文学之间有蜕变，但不能截然分离，故研究者应该于新文化有所承传，于旧文化有所择取，这其实正是五四先驱者的胸襟与追求。正如王瑶先生所再三指出的，五四时期最热心对传统文化进行价值重估者（如鲁迅、胡适、郑振铎等），正是新文化的积极创造者。也就是说，"文学革命"与"整理国故"，不过是一个硬币的两个面；五四先驱者对传统文化其实颇多继承，并非像他们在与复古派论争中表现得那么偏激。这代人后来大都兼及创作与研究，既面对古人，也面对今人；既重古典，也重现代。这代人开启的学术范型，至今仍影响甚深；而王瑶先生则是自觉认同鲁迅等人开创的这一现代学术传统的。考古但不囿于古，释今而不惑于今，着力在博通古今上做文章，这是五四一代学人的共同追求。

王先生学术上有两个主要渊源：一是鲁迅，一是朱自清和闻一多。这三位学者恰好都是既承清儒治学之实事求是，又有强烈的时代感，不以单纯考古为满足的。先生论及其恩师朱自清先生的治学时称："谨严而不繁琐，专门而不孤僻；基本的立场是历史的、

---

[1] 王瑶：《"五四"时期对中国传统文学的价值重估》，《中国社会科学》1989年3期。

现实的。"[1] 这其实也是先生平生治学所追求的境界。博古通今并非易事，突出时代精神与深厚的历史感，二者有时很难协调。先生不只一次地发挥冯友兰和朱自清关于崇古、疑古、释古三种学术倾向的提法，并称自己属于释古一派。学术研究中不盲信、不轻疑，而注重理解与阐释，这固然可以避免过多的主观臆测，可研究者仍然必须有借以阐释的理论框架。这方面先生发挥其通今的长处，特别注重五四以来学者引进西方理论的经验。从五十年代对清学的批评，到去世前主持研究"近代以来学者对中国文学研究的贡献"研究课题，先生的思路一以贯之：这个世纪的学者必须"既有十分坚实的古典文学的根底和修养，又用新的眼光、新的时代精神、新的学术思想和治学方法照亮了他们所从事的具体研究对象"[2]。正是基于这一学术主张，在完成上述课题时，先生选择了梁启超、胡适等，而不选择章太炎、刘师培，理由是后者虽很有学问，但学术思想和治学方法一仍清儒。具体评判或有偏差，但先生强调古典文学研究必须接纳新思路、新方法，以促进学科的发展，这点值得重视。假如考虑到鲁迅和闻、朱二师对西方文学观念和学术思路的热心借鉴，不难明白先生这一选择渊源有自。

有现实感，但不强古人所难，而是着力于"对古代文化现象做出合理的科学的解释"[3]，这点说来简单，其实不易做到。自从康

---

[1] 王瑶：《念朱自清先生》，郭良夫编：《完美的人格——朱自清的治学和为人》第10—63页，北京：三联书店，1987年。

[2] 王瑶：《王瑶教授谈发展学术的两个问题》，《学术动态》1986年第279期（中国社会科学院编印）。

[3] 王瑶：《念闻一多先生》，《中国现代文学研究丛刊》1987年1期。

有为开启"借经术以文饰其政论"的先例[1],这个世纪的中国学者,才气大且现实感强者,多喜欢在学术著作中借题发挥,甚至"以历史为刍狗"。先生则希望尽量维护学术尊严,在可能的范围内保持学者的独立思考。我曾经专门阅读先生五十年代撰写的批判胡适的若干论文,深深体味到在强大的政治压力下学者不甘沦落苦苦挣扎的良苦用心——在同一类型的文章中,先生从考据在古典文学研究中的作用和地位这一特定角度来立论,可以说是最具学术色彩的。先生晚年嘱咐弟子,若为他编文集,这几篇批判文章一定要收,除了让后人知道当年知识者的艰难外,更因这里面凝聚了他的不少心血。

"几乎每一位研究中国文学学者的最后志愿,都是写一部满意的中国文学史"[2],先生自然也不例外。在古代文学和现代文学领域,先生各写了一部文学史,而且都大获成功,至今仍是研究者不敢漠视的经典著作。先生晚年追忆平生治学道路,曾这样阐述自己所从属的以"释古"为旗帜的"清华学派":"清华中文系的学者们的学术观点不尽相同,但总的说来,他们的治学方法既与墨守乾嘉遗风的京派不同,也和空疏泛论的海派有别,而是形成了自己谨严、开阔的学风的。"[3]这与其说是一种学术史的总结,不如

---

[1] 梁启超:《清代学术概论》,《梁启超论清学史二种》第5页,上海:复旦大学出版社,1985年。
[2] 王瑶:《评林庚著〈中国文学史〉》,1947年10月《清华学报》14卷1期。
[3] 王瑶:《我的欣慰和期待——在清华大学纪念朱自清先生逝世四十周年、诞生九十周年座谈会上的发言》,《润华集》第85页,北京:中国社会科学出版社,1992年。

说体现了论者的学术追求,兼有京派、海派之长,既立论谨严又视野开阔,这自然是理想的学术品格。可怎样才能保证不顾此失彼,甚至两头落空呢?先生同样明显得益于鲁迅和闻、朱二师。

在1984年为《中古文学史论》重版所撰"题记"中,先生强调"学术研究工作总是在前辈学者的哺育和影响下起步和前进的"。这部著作从初版起,每次重印,先生总要在前言或后记中表达他对鲁迅、朱自清和闻一多三位前辈的感谢——其实不只是这部名重一时的著作,先生的整个学术思路和方法都与这三位前辈学人密切相关。虽说有"亲承音旨"与"私淑弟子"之别,可很难说何者影响更大。相对而言,在人生理想和文学史方法论方面,先生主要受鲁迅影响;而在具体的治学门径以及学术观点上,先生则直接师从闻、朱。

在1948年初版《中古文学史论》的"自序"中,先生称此书第二部分"文人生活""主要是承继鲁迅先生《魏晋风度及文章与药及酒之关系》一文加以研究阐发的";后人也多从此角度讨论鲁迅对先生的学术影响。八十年代以后,先生多次在文章中提到鲁迅对他的启迪,不只限于某些问题的精辟见解,而是作为中国文学史研究的方法论:"从丰富复杂的文学历史中找出带普遍性的、可以反映时代特征和本质意义的典型现象,然后从这些现象的具体分析和阐述中来体现文学的发展规律。"[1] 当初只是受《魏晋风度及文章与药及酒之关系》启发,直觉到这一研究方法的魅力;

---

[1] 王瑶:《〈中古文学史论集〉重版后记》,《中古文学史论集》,上海:上海古籍出版社,1982年。

一旦把它与《中国小说史略》《汉文学史纲要》《〈中国新文学大系〉小说二集序》以及计划写作的中国文学史的章节拟目结合起来，先生自认找到了"堪称典范"的文学史研究方法。先生晚年在很多场合阐述鲁迅这一抓住"典型现象"深入开掘的研究思路，以为其"比较完满地体现了文学史既是文艺科学又是历史科学的性质和特点"[1]。尽管先生总是谦称他对这一研究思路只是"心向往之"，可阅读先生的著述（不管是古代文学还是现代文学），都能感受到对这一思路的潜在回应。

王先生在五十年代写了一批关于考据学（广义的，包括校勘、训诂、笺证、考辨等）的论文，如《论考据学》《从俞平伯先生对〈红楼梦〉的研究谈到考据》《论考据在古典文学研究工作中的地位与作用》《鲁迅关于考据的意见》《谈清代考据学的一些特点》等，除了时代风气影响故对胡适有不公允的批评外，其实这里还蕴含着学派之争。先生同样欣赏清儒的学有本原，实事求是，"每一事必详其本末"；称其从小学入手治经，"所得的结论就多半是有效的"[2]。只是认定单纯的考据学，"由于在处理史实和问题时摒除了有关联系的别的事实，把问题孤立在静止的平面上去考察，因此尽管某些研究者也作出了辛勤的劳动，但所能解决的也多半

---

[1] 王瑶:《〈中古文学史论〉重版题记》,《中古文学史论》，北京：北京大学出版社，1986年。
[2] 王瑶:《谈清代考据学的一些特点》,1956年11月18日《光明日报》"文学遗产"副刊131期。

只是一些无关宏旨的问题"[1]。在先生看来,"从乾嘉学者到胡适们,三百年来在方法上并没有什么进步",其中一个重要原因是过分推崇考据而贬低理论[2]。承认考据可以解决具体问题,但撰写文学史却"不单是考据的工作所能胜任的"。批评胡适引导人去为考据而考据,使得学者缺乏整体思考,"把眼光停留在个别琐碎的事实上"[3]。在学理上,先生主要仰仗闻、朱的探索。或者说,闻、朱为代表的"清华学派"与胡适为代表的"北大学派"(假如有的话)对考据学的不同看法,使先生得以理直气壮地批判胡适。

先生在论及"清华学派"之注重释古时称:"闻先生的《诗经新义》、朱自清先生的《诗言志辨》都是在这种学风下产生的成果。我是深受这种学风的熏陶的……。"[4] 而这两种文学史研究的典范之作,有一个共同特点,那就是讲考据而不囿于考据。闻一多先生称"清人较为客观,但训诂学不是诗"[5];而据王瑶先生回忆,朱自清先生将"把诗只看成考据校勘或笺证的对象,而忘记了它还是一首整体的诗"的学者,称为"诗人的劲敌",其特长是"把美人变成了骷髅"[6]。因此,闻、朱二位虽都曾"像汉学家考辨经史

---

[1] 王瑶:《从俞平伯先生对〈红楼梦〉的研究谈到考据》,《文艺报》1954年21期。
[2] 王瑶:《论考据学》,《中国文学论丛》,上海:平明出版社,1953年。
[3] 王瑶:《论考据在古典文学研究工作中的地位与作用》,《关于中国古典文学问题》,上海:上海古典文学出版社,1956年。
[4] 王瑶:《念闻一多先生》。
[5] 闻一多:《匡斋尺牍》,《闻一多全集》第一卷第356页,北京:三联书店,1982年。
[6] 王瑶:《念朱自清先生》。

子书"那样,专注于某些字和词的考据训诂;可都将其研究置于诗学、神话学或文化人类学的背景下。也就是说,这种蕴含着理论眼光与历史意识、近乎小题大做的"考据",才是王先生心目中理想的文学史研究。这就难怪先生对胡适讲考据学"只不过尊重事实,尊重证据"的说法很不以为然。

这里只是指出王先生对胡适的批判包含学派之争,并不意味着我认可先生对胡适的许多断章取义且过甚其词的批判。好在对那场政治运动略有了解的人,对此都会有比较通达的见解。先生治学,本不以考据见长,但无论是《中古文学史论》,还是《中国新文学史稿》,都以史料翔实著称于世。研究中注重史料的搜集整理、审订考核,但从不以考据家自居——先生显然更愿意成为学有根基的文学史家。

三、中古文学研究的魅力

王瑶先生的《中古文学史论》完成于1948年,距今刚好半个世纪。一部学术著作,问世十年后仍有人阅读,算是闯过了第一关;五十年后还能得到学界的欣赏,则很可能进入"传世之作"的行列。

半个世纪以来,不单是关于中古文学的具体论述,更包括文学史研究方法论,《中古文学史论》时常成为探索的伴侣:或引

《先驱者的足迹——王瑶学术思想研究论文集》
(河南大学出版社1996年版)

证,或评价,或品鉴,或引申发挥。得以介入一代代学人的认真思考,此乃著作传世的最佳标志。这种学术对话的最新成果,当属《先驱者的足迹——王瑶学术思想研究论文集》。

《中古文学史论》1951年8月由上海棠棣出版社出版时,分为《中古文学思想》《中古文人生活》和《中古文学风貌》三册。如此分割,"不过为了出版家和读者的兴趣",在作者看来,"这三部分都互相有关联"[1]。书甫面世,即获好评,但与新形势下的新要求仍有不小的距离。1956年,作者将此三书合刊,删去了约三分之一的文章,其余的也略作修改,并增加了《关于曹植》《关于陶渊明》二文,改题《中古文学史论集》,由古典文学出版社刊行;此刊本1982年由上海古籍出版社重印时,又补充了《读书笔记十则》。或一分为三,或犹抱琵琶,此书几回现身,均非"本来面目"。直到1986年,方才由北京大学出版社将棠棣版三书合一,恢复《中古文学史论》书题,并作了认真的校订。

据《初版自序》,此书属稿于1942—1948年,历时整六载。经过五年颠簸,自觉"身心两方俱显停顿状态","以赴滇完成学业为一大目标"的王瑶先生,终于来到昆明西南联大复学,时年29岁。在《坷坎略记》中,先生称:"如能得诸名师之启发,及高等学府生活氛围之熏陶,或可于学术途径上,得一启示之机,亦求进步之欲望有以趋之也。"[2]至此,原《清华周刊》总编辑、自以

---

[1] 王瑶:《〈中古文学史论〉初版自序》,《中古文学史论》,北京:北京大学出版社,1986年。

[2] 王瑶:《坷坎略记》,《王瑶文集》第七卷第439页,太原:北岳文艺出版社,1995年。

《中古文人生活》
（棠棣出版社 1951 年版）

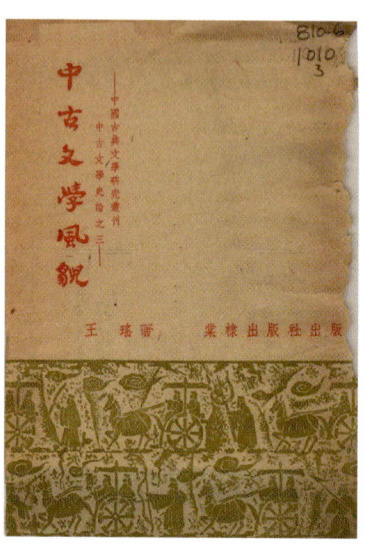
《中古文学风貌》
（棠棣出版社 1951 年版）

为的"左翼理论家"，转而"埋头读古书"，希望"在中国古典文学的研究方面成一个第一流的学者"。先生自信具备治古典文学三方面的基础：古书的知识、历史唯物论和马列主义文艺理论。这种自我期待，并非如"检讨书"所称的"狂妄"[1]，先生日后学术的发展，证明其长处确实在此。比起一般的古典文学研究专家，先生早年养成的政治意识与理论兴趣，使得其倾向于整体把握与综合分析。至于先生发表的第一篇学术论文《说喻》，以及《读史记司马相如传》《读陶随录》《文学的新和变》《谈传统批评术语的含义辨析》等，明显可见导师朱自清先生的影响。朱先生之讲授

---

[1] 王瑶：《在思想改造中的自我检讨》，《王瑶文集》第七卷第 494—505 页。

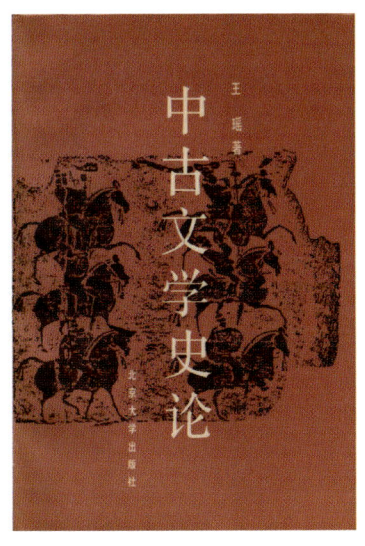 

《中古文学史论》 《中古文学史论》王瑶先生题赠
（北京大学出版社1986年版）

"中国文学批评史"课程，力图"寻出各个批评的意念如何发生，如何演变"，以及"像汉学家考辨经史子书"那样"从小处入手"的研究思路[1]，还有对陶渊明的强烈兴趣，都直接启示了王瑶先生的早年著述。

1943年6月，先生以《魏晋文论的发展》为题完成了毕业论文，并进入研究院，正式师从朱自清先生攻读中古文学。1946年4月，他从清华大学研究院毕业，论文题目是《魏晋文学思想与文人生活》。三年间，论题从"文论"转为"文人生活"，论述范围

---

[1] 朱自清：《〈诗言志辨〉序》，《朱自清全集》第六卷第129页，南京：江苏教育出版社，1990年。

坷坎略记

民国廿年,余甫八岁,谢余生命史上义多变化之事也,固然以后以后而究,来日方长,可纪念之事殆将更多,但此年实为一转变枢纽,回忆之殊令人有所感焉,若方不一记之。

自民廿六事变以来,均厉年余。廿年春,即前一年,余假返其子,但大体言之,均为家庭服务性质,一方面委婉语俱俊日,商业无利,盖后为内庭服务性质,元宵节前,即向摧俊进城,赔挽赦日,故忽使之事为也。

一方假既事于笔砚皮烟芋药物之购置,后东归村。

《坷坎略记》手迹 1(北大图书馆藏)

坷坎暑记 三十一年三月初六日（原稿）
即四月廿日 于铭贤

笑潭

4000字

1942年

《坷坎略记》手迹2（北大图书馆藏）

固然扩大，但更重要的是学术眼光的拓展：师法的目标逐渐从朱自清转为鲁迅。作为"左翼理论家"，王瑶先生理所当然对鲁迅十分景仰，早年主编《清华周刊》时曾撰写《盖棺论定》《悼鲁迅先生》二文。至于五十年代以后，成为著名的鲁迅研究家，绝不仅仅是转治现代文学的"题中应有之义"。意识到"学者鲁迅"的开拓意义，先生乃自觉追随其后。《初版自序》提及《中古文学史论》的"文人生活"部分，即自承"主要是承继鲁迅先生《魏晋风度及文章与药及酒之关系》一文加以研究阐发的"。

王瑶先生对于"学者鲁迅"的承继，并非只是具体见解，更重要的是文学史研究的方法论，《中古文学史论》中的"重版题记"对此有进一步的阐述。类似的表述，多次出现在其八十年代撰写的诸文中，既是"自报家门"，又阐发了学术理想；当然，也可作为先生一生治学的自我总结。

强调"文学史作为一门独立的学科"，应兼及文艺科学与历史科学；论述时当以"具体现象"为切入点，目标则是"阐明文学发展的过程和它的规律性"。如此界定"文学史"，对于王先生来说，并非始于八十年代，而是由来已久。1947 年，先生在《谈古文辞的研读》中，要求学文学者"培养一种历史的兴趣"；在《评林庚著〈中国文学史〉》中，则对这部才气横溢的著作有所批评，理由是："贯彻在这本书的整个的精神和观点，都可以说是'诗的',而不是'史的'。"[1]文学史家可以有不同的自我定位,自然也可以有不同的写作策略,王瑶与林庚学术风格的差异,并不妨碍其各自做出独立的贡献。倒是先生"年少气盛"的批评中,很能体现其关于文学史的想象。以此为"标尺",反观《中古文学史论》,当更能深入了解其成败得失。

一部名著的产生,除了作者本人的学识与才华,更牵涉"天时""地利"与"人和"。完成于四十年代的《中古文学史论》,其实得益于"安不下一张书桌"的"兵荒马乱"。抗战军兴,学校西迁,"南渡"成了最为敏感的话题。1937年底,北大、清华、南开三校组成的长沙临时大学开学,冯友兰拜谒南岳二贤堂,"想起来晋人宋人的南渡,很有感触",于是吟诗:

洛阳文物一尘灰,汴水纷华又草莱;
非只怀公伤往迹,亲知南渡事堪哀。[2]

第二年初春,临时大学迁往昆明,途经桂林、南宁时,朱自清作《漓江绝句》四首,其一曰:

招携南渡乱烽催,碌碌湘衡小住才。

---

[1] 王瑶:《谈古文辞的研读》,1948年3月2日《新生报》"语言与文学"周刊第72期;《评林庚著〈中国文学史〉》,1947年10月《清华学报》14卷1期。
[2] 冯友兰:《回念朱佩弦先生与闻一多先生》,《三松堂全集》第十三卷,郑州:河南人民出版社,1994年。

> 谁分漓江清浅水，征人又照鬓丝来。

是年春夏间，陈寅恪于云南蒙自联大分校写下的诗句，更是触目惊心：

> 读史早知今日事，对花还忆去年人。（《残春》）；
> 南渡自应思往事，北归端恐待来生。（《南湖即景》）；
> 南朝一段兴亡影，江汉流哀永不磨。（《七月七日蒙自作》）

四十年代漂泊西南的学者们，普遍对六朝史事、思想及文章感兴趣，恐怕主要不是因书籍流散或史料缺乏，而是别有幽怀。像陈寅恪那样早就专治此"不古不今之学"者，自然鉴古知今，生出无限感慨；至于受现实刺激而关注六朝者，也随时可能借六朝思想与人物，表达其对于社会现实的关注。

1946年夏，闻一多先生被刺身亡，王先生的同学季镇淮先生即借《嵇康之死辨闻》《竹林故事的结局》等考史文字寄托悲愤[1]。季文议论精辟而又切合史事，可见平日读书兴趣所在。至于另一位同学范宁，则以魏晋小说为研究专题，与王先生的论述更是密切相关。据范先生回忆，西南联大研究生宿舍里，同学们"聚在

---

[1] 季镇淮：《嵇康之死辨闻》，1947年2月24日《新生报》"语言与文学"周刊第19期；《竹林故事的结局》，1947年12月9日《新生报》"语言与文学"周刊第60期。

一起时大都谈论魏晋诗文和文人的生活"[1]。南渡的感时伤世、魏晋的流风余韵，配上嵇阮的师心使气，很容易使得感慨遥深的学子们选择"玄学与清谈"。四十年代之所以出现不少关于魏晋南北朝的优秀著述[2]，当与此"天时""地利"不无关联。

至于"人和"，不妨曲解为"学有师承"。"亲承音旨"的朱、闻二师，"心向往之"的鲁迅先生，以及作为前辈学者的刘师培等，王瑶先生在《中古文学史论》的"自序"或"题记"中都有所交代，故常被论者提及。还有一位学者，对于《中古文学史论》的完成至关重要，那便是名满天下的陈寅恪先生。而以"文学史论"为题，关注的重点却是社会风尚与文人心态，除了私淑鲁迅，其实还有陈寅恪作为导引。八十年代初，王瑶先生撰《治学经验谈》，称三十年代就读清华时"专业知识和治学方法都给了我很大的影响"的教授，除日后成为研究院导师的朱自清和闻一多，再有便是陈寅恪[3]。没有材料证明其写作得到过陈寅恪先生的亲自指点（虽然1947—1948年陈、王同在清华），但很少引证时人著述的《中古文学史论》中，起码有三章正面引述了陈先生的观点：《文人与酒》之于《天师道与滨海地域之关系》、《隶事·声律·宫体》之于《四

---

[1] 参见范宁《昭琛二三事》，《王瑶先生纪念集》第26页，天津：天津人民出版社，1990年。

[2] 除本文提及的陈寅恪、冯友兰、朱自清等均有著述，此期关于中古思想及文学的精彩论说，著作可举出汤用彤的《魏晋玄学论稿》、贺昌群的《魏晋清谈思想初论》，论文则不妨以宗白华的《论〈世说新语〉和晋人的美》以及朱光潜的《陶渊明》为例。

[3] 参见《治学经验谈》，《王瑶文集》第七卷第448页。

声三问》，以及《徐庾与骈体》之于《读〈哀江南赋〉》。略感遗憾的是，《玄学与清谈》一章，倘能参考陈先生此前不久发表的《陶渊明之思想与清谈之关系》，或许会更加胜论纷纭。

先生晚年主持国家重点社科基金项目"近代以来学者对中国文学研究的贡献"[1]，特别强调史家陈寅恪的功绩，想来是别有会心。只可惜拟议中概述百年中国学术的宏文未及着手，先生即已仙逝。否则，关于陈、王学术因缘的说法，当有更多的佐证。

---

[1] 正式出版时，遵照先生遗愿，改题《中国文学研究现代化进程》（北京大学出版社，1996年）。

四、最后一项工程

记得是 1986 年岁暮的一个晚上,王瑶先生让我看中国社会科学院编印的《学术动态》第 279 期,上面刊有他在全国社会科学"七五"规划会议上的发言,题目叫《王瑶教授谈发展学术的两个问题》。其中第一个问题引发出此后的研究计划,也可说是《中国文学研究现代化进程》的胚胎,故全文引录如下:

> 从中国文学研究的状况说,近代学者由于引进和吸收了外国的学术思想、文学观念、治学方法,大大推动了研究工作的现代化进程。以中国文学史为例,过去只有诗文评或选本式的东西,第一本《中国文学简史》是外国人写的;林传甲、谢无量等早期中国人写的文学史,文学的范围及概念都十分驳杂;从王国维、梁启超,直至胡适、陈寅恪、鲁迅以至钱锺书先生,近代在研究工作方面有创新和开辟局面的大学者,都是从不同方面、不同程度地引进和汲取了外国的文学观念和治学方法的。他们的根本经验就是既有十分坚实的古典文学的根底和修养,又用新的眼光、新的时代精神、新的学术思想和治学方法照亮了他们所从事的具体研究对象。鲁迅慨叹说"中国之小说自来

王瑶先生在北大镜春园家中

无史",我们可以加一句说,有史自鲁迅始。王国维的《宋元戏曲史》《〈红楼梦〉评论》《人间词话》,梁启超的《中国韵文的变迁》和《饮冰室诗话》等,以及钱锺书的《管锥编》,都可以从中很明显地看出他们所取得的卓越成就和所受到的外来影响。小说、戏曲等在封建社会没有地位,研究的人很少,情况固然如此;但即使过去很受重视的书如《诗经》,《皇清经解》和《续经解》中收了那么多关于《诗经》的著作,但很少有取得突破的书,只是到了胡适、闻一多等人那里,才开创了新的局面。近代学者的研究成果至少使文学的范围比较确定和谨严了,文学观念有了现代化的特点,叙述和论证都比较条理化和逻辑化;这些都可以说明,即使是研究中国古代的东西,也必须广泛从外国的学术文化中汲取营养。文学研究要发展,必须不断更新研究的观念和方法,而这就不能不吸收和利用外来学术文化的优秀成果。这一点无论从丰富和发展马克思主义,或是从具体的学科建设说,都是非常重要的。

王先生说,这个发言很受重视,好多朋友劝他把这作为一个学术课题来完成,可他精力不济,无法独力承担;如果有年轻的朋友愿意参加,他可以领个头。我当即表示很感兴趣,建议写成黄宗羲的《明儒学案》或梁启超的《中国近三百年学术史》那样的学术史著作。先生又征求了好多师友的意见,越聊越得意。到第二年夏天我帮着填写《国家社会科学基金研究项目申请书》时,先生已恨不得马上动手。只是碍于课题组成员还没能完全进入状态，才稍为耽搁了一下。

原先申报研究项目时，课题组除王先生作为负责人外，还有北京大学和中国社科院的六位中青年学者。听完先生畅述研究设想后，发现不少题目非课题组成员所能撰写；于是改为聘请学有专长的专家就其熟悉的题目撰稿。为了选择合适的研究对象和撰稿人，先生可谓费尽心机。那阵子只要学界友人来访，必谈此事。我因常到先生家走动，发现他几乎每天都有新想法。所谓"发起凡例"，实非易事；后人习以为常的东西，草创时却需披荆斩棘。若只选六七位学者作为研究对象，那倒好办，大家意见相对一致；可先生认为这样不足以体现这百年的学术变迁。而选二十家可就麻烦了，因同样"级别"的学者颇多，取舍不容易。单是为了确定这"二十家"，先生写信、打电话乃至上门拜访，不知征求了多少专家的意见。先生有的从善如流，有的则"固执己见"——因其代表了先生的学术追求，旁人不一定能够理解。

至于寻找研究者，也非易事。一来学术史研究并非独立学科，历来不受重视；二来完成此课题需有古典文学和现代学术思潮两方面的兴趣和知识积累，合适的人选不多。先生斟酌再三，举棋难定，直到与所有拟议中的撰稿人交谈过，并获得某种理解和心灵契合后，才舒展了眉头。

1988年的元旦刚过，王先生就迫不及待地在镜春园家中召开第一次课题组会议，陈述他的研究设想，并征求诸位撰稿者的意见。那天先生情绪特好，谈笑风生，说这是他平生最后一项学术事业，也是"只能成功不能失败"。就在这次会议上，约好年底前各自拿出初步的写作大纲，以便互相交流，使全书具有某种整体感。

这年的11月，课题组在北大勺园开会，讨论全书体例和各章提纲。王先生再次陈述其研究设想，并对每位撰稿者的写作大纲提出具体意见。先生事先做了相当认真的准备，其批评大都让当事人出一身冷汗。看先生胸有成竹的样子，课题组同人纷纷要求先生早点把概论性质的"前言"写出来，以便各位撰稿时参阅。可先生说只能"同步进行"：正是在与诸位的争论交流中，逐渐形成并完善自己的想法的。

本来约定第二年10月完成"前言"和各章初稿，然后再次集会讨论近百年的学术思潮。可1989年春夏之间的政治变故，使这一切都落了空。最初的动荡过去后，王先生隐忍悲伤，多次与我商谈此书的撰写情况。当时有人怀疑此书的价值，断言即使写完也无法出版；也有人因各种原因无法继续从事这项研究，希望退出课题组。大概是见多了风浪，先生处变不惊，反而更坚定了完成此课题的决心。先生去世前半年，虽有各种干扰而难得平心静气读书做学问，可只要提及此课题，先生那明显苍老了许多的脸上马上容光焕发——这毕竟是先生学术上最后的冲刺，怎能不牵肠挂肚！

可惜天不如人愿，先生最后还是没能见到此课题的真正完成。先生去世后，国家社科基金管理委员会依照规定征询是否撤销此课题，课题组同人多表示愿意继续工作。于是重新调整了布局，在主编缺席的情况下，全凭各位撰稿人的学术良心。只是物换星移，协调起来更不容易；虽经再三努力，最后定稿时间仍一延再延。唯一可以告慰先生在天之灵的是，这事情总算没有半途而废。

王先生生前多次谈及此书的研究设想，只是当时以为先生会写成正式论文，故没有认真记录。除了上引《学术动态》上的发言外，手头只有一份"研究项目申请书"和一张为讨论会报告所拟的"研究设想"，二者虽都是由我执笔起草，可基本观点属于先生。以下根据这些相对零散的材料，略为介绍王先生为此书设计的理论框架和研究思路。

从黄宗羲写作中国第一部学术史《明儒学案》以来，产生过不少总结一代学术成就的著作。这些著作辨章学术、考镜源流，对后学很有帮助。近代以来的中国文学研究，颇多建树，值得专门总结。一百年的学术史实际上已经成了某种"传统"，对这一传统的隔膜与误解，很容易产生虚无主义态度或热衷于横扫一切的偏激。每个人都不愿沿着前人开辟的道路继续前进，都想重起炉灶，都重新经历了一番痛苦的摸索，而不曾很好地借鉴前辈的经验教训，这是近代以来学术思潮迭起，但都匆匆过场，热闹有余而成就不大的一个重要原因。需要认真研究这百年来的学术实践，为今人提供一些值得借鉴的学术规范和一些行之有效的治学方法。因此，本书选择梁启超、王国维、鲁迅、胡适等近二十位中国文学研究的大家，探讨他们在借鉴西方学术思潮和研究方法，以及继承发展中国传统治学精神方面的经验教训，并总结其学术成就。

本书之选择研究对象，不以学术成就为唯一标准，而更注重文学观念、学术思想的创新，以及研究领域的开拓。因此，不准备选择章太炎、刘师培等很有学问但治学方法比较传统的学者。但不选不等于否认其学术成就，而是为了突出我们的学术追求。表面上一系列的个案分析，实际上贯串着我们对这百年学术变迁的历史思考。过去的学术史主要讲师承渊源，讲学术成就；而我们则必须回答如何协调西方研究方法和中国固有学术传统（如乾嘉学派的学术境界和治学方法）的矛盾。一方面新理论新方法的引进开拓了学者的眼界；另一方面新理论新方法往往是根据西方学术发展总结出来的，与"中国文学"这一研究对象之间不免有隔阂。食古不化的固然没出息，一味照抄西方理论也只能昙花一现。如何走出这种两难困境，没有完美的答案，但有可以作为借鉴的先贤的足迹。本书的任务就是帮助读者辨认这些足迹。

这不是一部学者传记集，虽然立足于个案分析，可着眼的是学术思潮的变迁。通过这二十位不同经历的学者的治学道路的描述及成败得失的分析，勾勒出近百年学术史的某一侧面。在具体论述中，学者的个人经历只作为说明其学术思想形成的辅助材料。也就是说，本书的主要着眼点在学者的治学成就、研究方法及其代表的学术思潮，而并非提供面面俱到的若干学者的生平资料。这需要理论眼光和问题意识，而且需要明确史家的立场。尽管撰稿者中不少是研究对象的学生或私淑弟子，但不想为尊者、贤者讳，更不想写成怀念文章。要正视这百年学术发展中的缺陷，也要正视学者性格中的缺陷。比如，谈郭沫若不能不谈其写于晚年的《李白与杜甫》，不是专门揭短，而是展示学术道路的曲折坎坷。

　　本书侧重于中国文学研究方面的学术考察，但旁及其他人文学科。中国人做学问本就文史哲不分，而方法的借鉴、资料的融通以及学科的拓展等，都不是局限于文学研究能够说得清的。一来力求更准确地描述大学者的出入子史的治学生涯，二来把中国文学研究现代化作为中国学术转型的一个侧面来理解和把握，这样，才可能真正摸到近百年的中国文学研究的发展脉络。当然不想弄得汗漫无所归依，可也不能只盯着文集中那几篇诗论或小说考证。治史讲究识大体，这"大体"就是百年学术思潮的大趋势。有此眼光有此见识，再结合具体对象的深耕细作，方才能不辜负这课题。

　　以上复述王瑶先生的研究思路，虽则自信大致不差，可一经转述必然口气有异。为了慎重起见，这里一概不加引号。

　　当初承接这一课题时，王瑶先生相当自信。理由是，在中国学界，像他这样在古典文学和现代文学都有深厚学术积累的学者很少。且先生亲承朱自清、闻一多二师教诲，又对鲁迅的学术思路别有会心；至于游国恩、孙楷第、俞平伯等，更是介乎师友。先生私下里不只一次说过："想来想去，我确是最佳人选，只好勉强再老骥伏枥一回了。"

　　正因为王先生是从事这一课题的最佳人选，也给此书留下了不小的遗憾。谈论近现代学者对中国文学研究的贡献，为何只及古典而不及现代，难道身为中国现代文学学会会长的王瑶先生也是"厚古薄今"？要说开拓学术领域和更新文学史观念，《中国新文学史稿》乃这个学科的奠基之作，自然无法回避。不少人于是提议为王先生立一章，以便更好体现这个世纪中国学术思潮的嬗变。每当这个时候，先生总是叼着烟斗，不无得意地连连摆手："不行不行！那不成了王婆卖瓜了嘛！"先生去世以后，又有几位学者提出一个变通的办法：从已经发表的论述王先生学术思想的文章中选一篇作为附录。考虑再三，为了尊重先生的意愿，决定保持原来的框架和章节不变。

需要说明的是，王先生最初拟定的章节中，除收入本书的外，还有另外四章。阿英一章由于我再三陈述理由，先生同意删去。冯沅君、陆侃如一章（陆、冯夫妇有些著作系合撰，故并为一章）因来稿不大理想，只好割爱。至于钱锺书、刘大杰两章本不能缺，可撰稿人最终没能完成，也只能徒唤奈何。缺了这三章当然很遗憾，起码使得全书显得有点"残缺不全"。可与其勉强凑数，不如以"残缺"示人。"二十家"云云本也只是取其代表性，无意如梁山泊英雄排座次。或许，正因为"残缺"，使此课题成为开放的空间，召唤更多的研究者加入。若如是，则真的是"塞翁失马"。

五、大学者应有的素质

随着《中国文学研究现代化进程》的出版,王瑶先生生前所主持的最后一项学术工程,总算真正完成了。作为及门弟子,能帮助先生实现遗愿,本该可以松一口气。但面对孤零零的"王瑶主编"四个字,心里总觉得不是滋味。原计划由先生撰写的概述百年中国学术思潮的"前言",终于只能以弟子说明写作经过的"小引"聊充篇幅。倘若先生的高论得以完整表达,能否石破天惊,不好妄加猜测。我能说的只是,先生对此项工作异乎寻常的热情,远非通常所说的"老骥伏枥,志在千里;烈士暮年,壮心不已"。在我看来,先生的学术理想,在此不大成功的"最后冲刺"中,得到充分的体现。

八十年代以后,渐入老境的王先生,并没把主要精力放在个人著述,而是着力培养后进,以及推动学科发展。这种选择,其实蕴含着略显消极的"自我定位":已经没有能力冲击新的高度。先生一再提醒周围的学生,学问的规模以及主要的工作应该在六十岁以前完成;六十岁以后,精力及眼界大受限制,很难再有惊天动地的突破。还能出成果,但主要是延续此前的思路,先生颇为幽默地称此为"收尾工程"。以此标准衡量,作为现代文学学科的奠基者,八十年代的王先生,确实有理由"偷懒":因为功业已成，框架依旧，写多写少都一样，不值得为其劳神伤心。而最后两三年的"发奋"，很大程度则是看到了自我突破的可能性。

王瑶先生自视甚高，就读西南联大时曾声称"我相信我的文章是不朽的"[1]。这绝非一时戏言。五十年代以后，王先生不断检讨成名成家思想，可传统中国"究天人之际，通古今之变，成一家之言"的学术理想，始终不曾为先生所遗弃。先生去世后，好友朱德熙撰《哭昭琛》，称：

> 我一直认为昭琛具备一个大学者应有的素质。要是环境更好一点，兴趣更专一一点，他一定会做出更大的贡献。

这里所表达的惋惜与遗憾，真乃知人之论，也只有朱先生才能说得出来。弟子及后学更多地表彰先生的学术贡献，而很少谈论其"壮志未酬"。借用先生最喜欢的陶渊明诗句："忆我少壮时，无乐自欣豫。猛志逸四海，骞翮思远翥。"表面上，此乃古今中外通用的对于时间及命运的感慨，可真正领略其沉重与苦涩者，需要某种高傲的心志。即，确信自己本来可以做得更完美。

王先生也喜欢以是否具备"大学者的素质"，来品鉴师友乃至晚辈。偶然听他感叹"某某本来具备成为大学者的素质"时，一脸惋惜与悲悯，颇有代上苍鸣不平的意味。先生当然清醒自己已经达到什么学术境界，也明白自己在多大程度上实现了年轻时的

---

[1] 季镇淮：《回忆四十年代的王瑶学长》，《王瑶先生纪念集》第22页。

《中国文学研究现代化进程》初版
（北京大学出版社 1996 年版）

理想。我常常猜想，先生晚年面对众多恭维时的心境：志得意满中，定然不时掠过一丝苍凉。

朱先生提及王先生做学问同时占有两种优势：

> 一是记忆力强，过目不忘；二是聪明绝顶，有敏锐的洞察力和细密的分析力，无论知人、论世、治学，多有深刻独创的见解。[1]

其实，还可以再加上一条：明确的学术史意识。这里所说的，

---

[1] 朱德熙：《哭昭琛》，《王瑶先生纪念集》第 12 页。

不限于先生主持的最后一个项目，而是贯穿其整个治学生涯的对于课题潜力、研究思路以及学术潮流的格外敏感。先生喜欢衔着烟斗，纵论天下政治乃至学术之大势，颇有"运筹帷幄，决胜千里之外"的"大将风度"。这种战略家的眼光，使得先生四十年代选择六朝文人及文章，作为自己的主攻方向；也使得先生五十年代迅速地转向现代文学的学科建设。前者是四十年代的"显学"，除了陈寅恪、冯友兰表述得不尽一致的"南渡意识"[1]、章太炎、刘师培阐释的学科意义[2]、鲁迅、宗白华所赞叹不已的生命境界与人格魅力[3]，更有技术手段方面的限制：从事此"不古不今之学"所需的资料，对于避居西南的学者来说，不太多也不太少，足以应付自如。常有文章提及王先生《中古文学史论》资料运用上的"竭泽而渔"，这其实正是先生选择此课题的先决条件。

顺便说一句，五十年代以后，先生转而专治现代文学，这是一次相当成功的"战略转移"。即便继续研究六朝文学，先生也不大可能在此领域做出整体性的突破。这既取决于国家意识形态的"导向"，也受制于此学术领域的"潜力"。

对于五十年代的转治现代文学，先生曾表示，此乃工作需要，

---

[1] "南渡自应思往事，北归端恐待来生"（陈寅恪）；"当我国家民族复兴之际，所谓贞下起元之时也"（冯友兰）。
[2] "真以哲学著见者，当自魏氏始"（章太炎）；"其以文学特立一科者，自刘宋始"（刘师培）。
[3] 参见鲁迅的《魏晋风度及文章与药及酒之关系》和宗白华的《论〈世说新语〉和晋人的美》。

并非个人的主动选择[1]。可是，有早年主编《清华周刊》的经历，念研究院时师从的又是新文学大家朱自清、闻一多，再加上为人为文均私淑鲁迅，先生之学术转向，其实十分自然。有工作安排等外在因素，但先生之迅速转向（1949年即在清华大学中文系讲授"新文学"课程），以及全力以赴地投入新学科的建设，在短短三四年内完成本学科的奠基之作《中国新文学史稿》，明显是意识到此课题的发展前景及学术价值。顾炎武《日知录》卷十九《著书之难》有言：

其必古人之所未及就，后世之所不可无，而后为之，庶乎其传也与？

不知先生当年下决心"改弦易辙"时，是否忆及顾炎武此论学名言。

选择既有发展前景又能从容驾驭的学科或课题，是学者眼界高低的一个重要标志。陈寅恪《陈垣〈敦煌劫余录〉序》称：

一时代之学术，必有其新材料与新问题。取用此材料，以研求问题，则为此时代学术之新潮流。治学之士，得预于此潮流者，谓之预流（借用佛教初果之名）。

其未得预者，谓之未入流。此古今学术史之通义，

---

[1] 参见王瑶《〈中国新文学史稿〉自序》，《中国新文学史稿》上册，北京：开明书店，1951年。

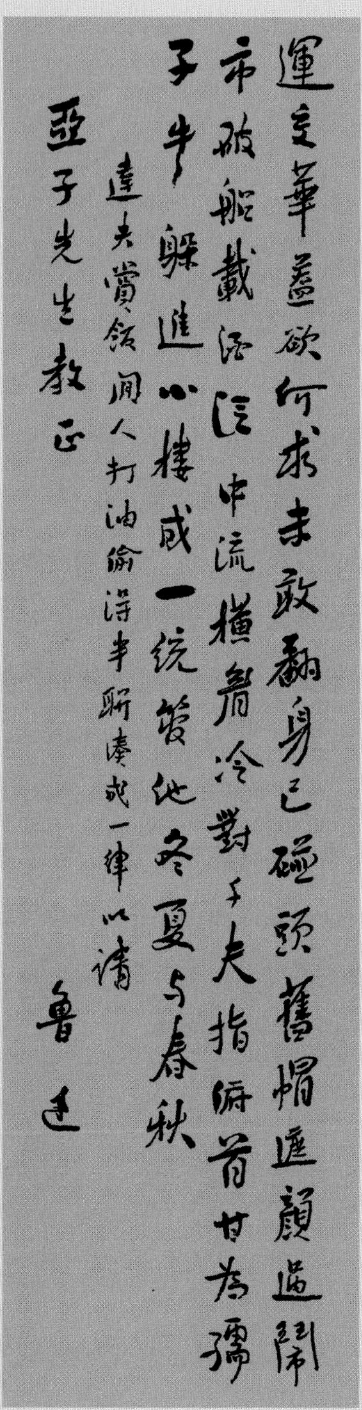

運交華蓋欲何求未敢翻身已碰頭舊帽遮顏過鬧市破船載酒泛中流橫眉冷對千夫指俯首甘為孺子牛躲進小樓成一統管他冬夏与春秋

達夫賞飯閒人打油偷得半聯湊成一律以請

亞子先生教正

魯迅

非彼闭门造车之徒，所能同喻者也。[1]

何谓"新材料与新问题"，各家说法自是不一；但时刻关注学术潮流，选择最有可能获得突破性进展的研究课题，也是"大学者应有的素质"。正是在此意义上，我对先生晚年的学术敏感格外敬佩。其提出"近代以来学者对中国文学研究的贡献"的课题，并以极高的兴致从事组织与指导，此举极具前瞻性。直到今天，此课题的价值，方才被学界所普遍承认。

由于各种难以抗拒的因素，此课题没能按计划在九十年代初完成并出版，这是一件十分遗憾的事情。若天如人愿，先生成功地实现本课题，必能开一代新风，再次领导学术潮流。艺术史上的大师，其"衰年变法"，往往令世人惊诧不已，并为后世开无限法门。可惜，先生未能充分展示其作为大学者的最后的辉煌。

在我看来，学术史上的王瑶先生，除了中古文学研究和现代文学研究这早有定评的两大功绩外，还必须加上意识到但尚未来得及展开的学术史研究。行文至此，涌上心头的诗句，竟是"出师未捷身先死，长使英雄泪满襟"。

---

[1] 陈寅恪：《陈垣〈敦煌劫余录〉序》，《金明馆丛稿二编》第236页，上海：上海古籍出版社，1980年。

六、为人但有真性情

"魏晋风度"和"五四精神",不只是王瑶先生的治学范围,更是其立身处世之道。从第一次拜访起,我注意到,王先生客厅里一直挂着鲁迅《自嘲》诗手迹和题有《归去来辞》的陶渊明画像。我想,这大概可作为王先生精神、情趣的表征。

追随王瑶先生近六载,令我感叹不已的,主要还不是其博学深思,而是其"真性情"。有学问者可敬,有"真性情"者可爱,有学问而又有真性情者可敬又可爱。此等人物,于魏晋尚且不可多得,何况今日乎?知王先生学识渊博者大有人在,知其"为人但有真性情"者则未必很多。或许,这跟好长一段时间中国知识分子的经历实在过于坎坷,或多或少心灵都受到某种程度上扭曲有关,也跟我最早了解王先生是借助撰写于四十年代的才气横溢的《中古文学史论》,而实际接触又是在其本性得到较充分表露的八十年代,漏过了中间一大段辛酸岁月有关。

我从王先生游,最大的收获并非具体的知识传授——先生从没正儿八经地给我上过课,而是古今中外经史子集"神聊",谈学问也谈人生;谈学问中的人生,也谈人生中的学问。在我看来,先生的闲谈远胜于文章,不只因其心态潇洒言语幽默,更因为配合着先生的音容笑貌,自有一种独特的魅力。先生习惯于夜里工作，我一般是下午三四点钟前往请教。很少预先规定题目，先生随手抓过一个话题，就能海阔天空侃侃而谈，得意处自己也哈哈大笑起来。像放风筝一样，话题漫天游荡，可线始终掌握在手中，随时可以收回来，似乎是离题万里的闲话，可谈锋一转又成了题中应有之义。听先生聊天无所谓学问非学问的区别，有心人随时随地皆是学问，又何必板起脸孔正襟危坐？暮色苍茫中，庭院里静悄悄的，先生讲讲停停，烟斗上的红光一闪一闪，升腾的烟雾越来越浓——几年过去了，我也就算被"熏陶"出来了。

王先生晚年写文章不多，而且好多绝对精彩的议论也未必都适宜于写成文章。我一边庆幸自己有"耳福"，一边叹惜受益者太少。好几次想做点笔记或者录音，又嫌破坏情绪，无法尽兴而谈。八九年初，我和师兄钱理群商量好，拟了好些题目，想有意识地引先生长谈，录下先生的妙语和笑声，给自己也给后学留点记忆，我相信那绝不比先生传世的著作逊色。只可惜突然的变故，使得这一切都成了泡影。

王先生爱喝酒，但似乎量不大，也未见其醉过。有一年春节，先生留几位在京的弟子在家里吃饭，听说我不会喝白酒，先生直摇头："搞文学而不会喝酒，可惜，可惜！"四十多年前，先生撰《文人与酒》一文，曾引杜甫诗："宽心应是酒，遣兴莫过诗。此意陶潜解，吾生后汝期。"1986年先生为陶渊明学会题词，又引录了这首诗。先生"诗"不大作，"酒"却是常喝的。"悠悠迷所留，酒中有深味"（陶潜《饮酒》）。喝酒不见得都有什么"寄托幽深"，不过是"宽心""遣兴"而已。借用先生文章中的话："酒中趣正是任真地酣畅所得的'真'的境界，所得的欢乐。"[1] 整天醉醺醺自然不足为法，可"终年醒"者也如陶令所讥笑的"规规一何愚"。人生总是得意时少失意时多，总有忧愁需要排遣，神志清醒而又醉眼蒙眬的"微醺"大概是人生的最佳状态。可又有谁能保证不"酒入愁肠化作相思泪"呢？酒不一定能消愁，但酒肯定能助谈兴："寄言酣中客，日没烛当秉"（陶潜《饮酒》）。先生酒后总是谈兴倍增，而且更加神采飞扬，妙语连珠，我自惭不解酒味，可喜欢看先生饮酒，不为别的，就为先生的神聊将有超水平的发挥。如今，这一切也都成了过眼烟云。

学术上先生相当宽容，只要能言之成理就不再苛求，因此带出来的研究生颇有不守规矩者。可对人生，王先生却并不怎么宽容，甚至可以说有点峻厉。几十年风风雨雨，多的是恩恩怨怨，先生不放在心上，并非健忘，而是推己及人，感叹"我在那位子上也许也会这样做"。可理解人性的弱点并不等于泯灭是非，先生谈到有些人和事时声色俱厉，就因为其并非"身不由己"，而是"人品问题"。先生喜欢品评人物，也喜欢谈论轶闻琐事；不只是因其有趣，而是安危显大节，琐事见性情。先生往往于一些并不怎么起眼的小事中分析、判断一个人的性格、趣味和才情，而且确实有先见之明。我相信先生此等"识鉴"的本领是从魏晋文人那里学来的。与此相关的是先生那么多广泛流传的"隽语"，几乎每个历史时期先生都有一两句名言流传下来。喜欢把深刻的生活

---

[1] 王瑶：《文人与酒》，《中古文学史论》第163页。

感受凝聚成甚具幽默感而又容易记忆的简短句子,除了自身的敏锐和机智外,我相信跟《世说新语》的影响不无关系。多少人一辈子说不出一句属于自己的有意思够水平的"好话",先生却留下那么多耐人咀嚼的妙语,怎能不令人羡慕?

王先生为人坦荡、达观,但又有点高傲、任性,有时甚至近乎专断——这一点子女及弟子的感受可能与外人不同。先生明显"内外有别":对一般朋友和客人注重礼节,可对子女和弟子却从不讲客套,批评起来一点不留情面,不只一个弟子被当面训哭。先生从不当面夸奖学生或者问寒问暖表示关心,似乎高傲而又冷

《阅读王瑶》
(北京大学出版社2014年版)

漠；但大家都知道先生很有人情味，只是不愿表露。先生常暗地帮助学生解决实际问题，可当面偏又装得若无其事，决不允许向他道谢。这样一来，出现一个有趣的现象：先生和他众多弟子都不习惯于那种表面的"热情洋溢"，见面时反而不如不见面时亲热。尤其是近两年，每次去见先生，先生都会兴奋或者惋惜地诉说，他哪一个弟子大有长进，或者哪一个弟子哪一篇文章写得不大理想。去年（1988）夏天的一个晚上，先生突然把我找去，告诉我他对我最近发表的几篇文章很满意，随后又为我写了一幅字，"讵关一己扶持力，自是千锤锻炼功——读君近作书此志感"，真

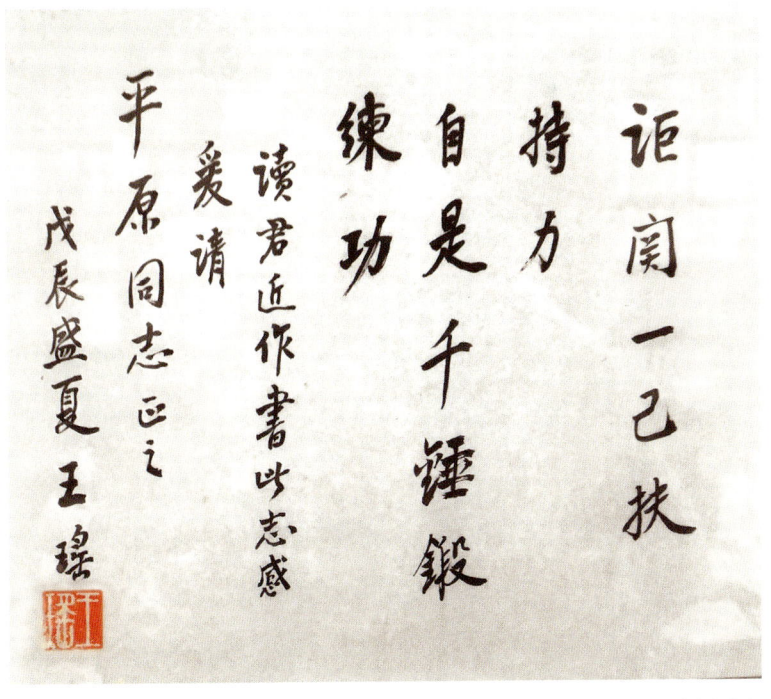

王瑶先生题赠（自藏）

的让我有"受宠若惊"的感觉。那个晚上，先生听我谈了我学术上的设想，然后才说："本来我不给已经毕业的学生指什么路，每个人都应该自己去闯。既然你征求我的意见，我就谈些想法供你参考。"令我惊讶不已的是，先生是从我的性情和气质说起，然后才逐步转到如何在学术上发展自己。我乘机问了一些他对其他弟子的看法，先生实际上为弟子们想了很多很多，只是怕影响弟子自己的选择，一般不直接表示。

王先生最后一次跟我谈学问，是在1989年初冬时节。针对有人怀疑先生主持的国家"七五"科研项目"近现代学者对中国文学研究的贡献"的价值，先生再次谈了学术史研究的意义，以及撰写中应注意的若干问题，并吩咐书出版时可定名为"中国文学研究现代化进程"。当我谈起从梁启超、王国维、鲁迅、胡适以来，百年中国学术界颇给人一代不如一代的印象时，先生感慨良多，最后只说了一句："路要自己选择，认清了就一直往前走，不为时尚所动，也不用瞻前顾后。"

这话包含着一代学者的辛酸苦辣。王瑶先生在学术上是有遗恨的，以先生的才华，本可在学术上做出更大的贡献。"文革"后先生曾有一个大的研究计划，可终因年迈精力不济而无法实现。他常说，1957年以前他每年撰写一部学术著作，1957—1977年这二十年却一部著作也没出版。大家都说耽搁了，可耽搁在人生哪一阶段大不一样，正当创造力最旺盛的时候被迫搁笔，等到可以提笔时却又力不从心，这种遗恨只有个中人才能理解。先生再三叮嘱,大环境左右不了,小环境却可以自由创造,起码要自己沉得住气。

王瑶先生七十五诞辰时,我曾戏拟了一副祝寿的联语:"清茶三盏纵论天下风云说了自然白说,烟斗一根遍打及门弟子挨过未必白挨。"如今,先生走了,再没有人拿着烟斗敲打我们这些有出息的、没出息的及门弟子了。

我不能不谨慎着我的每一个脚步……

1999年7月9日连缀若干旧文而成,借以纪念先生逝世十周年

(此文第二节初刊《文史知识》1993年1期;第三节原题《中古文学研究的魅力——关于〈中古文学史论〉》,收入拙著《文学史的形成与建构》,广西教育出版社,1999年;第四节初刊《书城》1995年3期;第五节初刊《光明日报》1997年2月12日;第六节初刊《鲁迅研究月刊》1990年1期。修订稿最初收入拙著《北大精神及其他》,上海文艺出版社,2000年)

八十年代的王瑶先生

怀念昭琛兄

我与昭琛兄共事近四十年，他不幸逝世之后，在我们老年同学中，健在者凋伤最大的，……不肯爱惜我等身心。追忆旧昔，如历在目……他的博闻强记，勤奋速率，每日阅读书刊报纸多达十份，令人叹服。他的健谈……出语惊人，尤是趣事的。虽然周此亲戚……些……他也带来生活报章的素养。十多年……我常与他同年共济，他所受的罪莫此一般人多的多，却能不动声色，一一度过，确实是……文革之初，我们有几个……十九楼打扫吧，只有他是最坦然受之的……来看大字报的人非常多，十九楼周围……在拥挤的人群中竟把那些碎纸……反正打扫一通……而昭琛却他……如入无人之境，在众人的脚下，就……一路行来把……他的这种修养，……

……面对放逐，长期搬家，就不能……

著名文学史家、原北大中文系教授王瑶先生（1914—1989），其作为学者的经历，大致可分为三个阶段。第一阶段，清华十年（1943—1952），即从考入清华大学文学院中国文学部师从朱自清（及闻一多）攻读硕士研究生，到受聘清华大学教员、讲师、副教授。此前的王瑶，于1934年入读清华大学中国文学系，在学期间，积极参与左翼文艺运动、秘密加入中国共产党、担任第45卷《清华周刊》总编辑；抗战全面爆发后，王没有随大学南迁，而是回家乡平遥，经过一番痛苦的挣扎，方才于1942年9月在西南联大复学，一年后大学毕业并考上研究生，从此走上了学者之路。国立西南联合大学的本科生统一管理，研究生则分属北大、清华、南开三校，故本文以入读研究生为王瑶"清华十年"的起点。

1952年9月，因全国性的院系调整，清华文科各系并入北京大学，王瑶成了北大中文系的副教授，1956年晋升为教授。这第二阶段含十年"文革"，一直延续到1977年底。二十五年（1952—1977）间，王瑶偶有春风得意，如1954—1958年任全国政协委员、《文艺报》编委等；但更多的时候被当局视为自私自利、落后分子、走白专道路的典型、反动学术权威，一遇政治运动必挨批斗，写检讨成了家常便饭[1]。

---

[1] 参见陈徒手：《文件中的王瑶》，《故国人民有所思——1949年后知识分子思想改造侧影》第178—193页，北京：三联书店，2013年；钱理群：《读王瑶的"检讨书"》，《中国现代文学研究丛刊》2014年3期。

至于学者王瑶的第三阶段（1978—1989），之所以从1978年说起，那是因为，当年3月王招收硕士研究生，从八百名考生中录取了七人，从此以讲学为主，兼及个人著述与社会活动，一直到1989年病逝。

若此说成立，谈论王瑶生命形态三阶段，可分别对应现代中国的学术史、思想史、教育史。考虑到从学术史角度表彰王瑶的《中古文学史论》和《中国新文学史稿》，或从政治史立场辨析五十至七十年代北大教授王瑶"丰富的痛苦"以及"挣扎的意义"，学界已多有论述[1]，本文拟从"八十年代"中国大学重新崛起这一特定视野，辨析王瑶的生命特征及存在意义。

---

[1] 参见《王瑶先生纪念集》；中国现代文学研究会等编：《先驱者的足迹——王瑶学术思想研究论文集》，开封：河南大学出版社，1996年；钱理群等编：《王瑶和他的世界》，石家庄：河北教育出版社，2000年。

一、三代人的共同舞台

所谓"八十年代"的中国,无论官方还是民间,一般都从1978年说起——那年5月,《光明日报》发表《实践是检验真理的唯一标准》,引起持续大讨论,史称"思想解放运动";那年12月,中共十一届三中全会召开,确立了解放思想、实事求是的思想路线,否定了"以阶级斗争为纲"的错误口号,决定把全党及全国人民的注意力转移到现代化建设上来。值此千钧一发的"关键时刻",教育界发生了两件大事:那年2月,"文革"后恢复高考的第一届大学生(即"七七级大学生")入学;那年9月,"文革"后招收的第一届研究生走进校园——后者毕业时适逢国务院批准了《中华人民共和国学位条例暂行实施办法》(1981年5月20日),包含学士、硕士、博士三级学位的中国学位制度从此建立。就在此"八十年代"的大舞台上,六十五岁的北大教授王瑶信心满满地登场了。

如此叙述,面临一个困境,即对八十年代中国"青春勃发"的记忆,必须重新定义。在我看来,那时的中国,刚从十年浩劫中走出来,整个社会意气风发、生机勃勃,如此"美妙的春光",

王瑶先生屋外师生合影（1989 年春节）

不只属于"年轻的朋友们"[1]，更属于全社会。真是千载难逢的好时光，整个社会具有高度共识，立场及境遇迥异的人，基本上都对未来充满憧憬与期待。对于学界来说，凝固多年的"时间"开始解冻，"春风"真的"又绿江南岸"了。于是，学术舞台上，三代人同时翩然起舞——既有二三十岁的大学生，又有四五十岁的中年教师，更有六七十岁的老学者。

---

[1] 借用八十年代初唱遍大江南北的流行歌曲《年轻的朋友来相会》（张枚同词、谷建芬曲）。

王瑶先生家中师生合影（1989年春节）

九十年代中国学界有句戏言，称中国大学乃"33—55—77"。意思是说，1933级、1955级以及1977级的大学生，因其特殊经历（参与一二九运动及全面抗战、反右及大跃进、"文革"及上山下乡），日后在政治或学术上多有优异表现。这种说法很有趣，但不太靠谱。我更愿意将其理解为三十年代、五十年代以及七十年代末入学的大学生，其特殊的政治阅历、学术训练、思想潮流及发展机遇，影响了其在"八十年代"中国舞台上的表现——有人初生牛犊不怕虎，有人拽住青春的尾巴荡秋千，有人则"发愤忘食，乐以忘忧，不知老之将至"。大家都希望"把被'四人帮'耽误的时间夺回来"，一时间，中国学界风起云涌，百舸争流。

王瑶也不例外，1980年元旦赋诗一首："叹老嗟卑非我事，桑榆映照亦成霞；十年浩劫晷虚掷，四化宏图景可夸。佳音频传前途好，险阻宁畏道路赊；所期黾勉竭庸驽，不作空头文学家。"[1] 此等老年人表决心的诗句，前有唐人刘禹锡的"莫道桑榆晚，为霞尚满天"（《酬乐天咏老见示》），后有时贤叶剑英的"老夫喜作黄昏颂，满目青山夕照明"（《八十抒怀》）。考虑到"文革"刚结束时，叶剑英的声望如日中天，王先生的"元旦抒怀"明显受叶诗的启发。

"叹老嗟卑非我事，桑榆映照亦成霞"，如此诗句，很能凸显时代风气——不仅后生小子，连老教授也都奋起直追，希望有所作为。有趣的是，三代人挤在一起，居然不觉得舞台太小，或必须以邻为壑。代与代之间，不能说没有矛盾，但那些磕磕撞撞均在可控范围内；而且，因可争夺的利益不太明显，大家都习惯于"向前看"。如此难得的机遇，很大程度受惠于十年浩劫造成了"白茫茫大地真干净"。

随着时间的推移，三代人因学养、精力、位置的不同，开始逐渐分化，寻找适合自己的道路。具体到王瑶，作为北大名教授、中国现代文学学科的创始人之一，在学界备受尊崇，终于可以昂起头来、旁若无人、口衔烟斗、骑脚踏车在北大校园里"横冲直撞"了。

---

[1] 杜琇：《王瑶年谱》1980年则，《王瑶文集》第七卷第727页。

真所谓"好花易谢",几番风雨过后,充满激情、理想与想象力的"八十年代"终于落幕了。就在大幕落下的那一瞬间,具体说来,就是1989年12月13日,王瑶先生外出讲学期间病逝于上海。

王瑶去世后,不少报刊顶着压力,发表各种悼念文章。北大中文系、中国现代文学学会、《中国现代文学研究丛刊》编辑部积极筹划的《王瑶先生纪念集》,则于八个月后由天津人民出版社推出。老中青三代学者竞相撰写怀念诗文,除了个人情谊,更因很多人意识到这是一个时代结束的标志。故文章中的忧伤、愤懑与感怀,既指向王瑶本人,也属于那个特定时刻的精神氛围。

二、作为学者的遗憾

作为饱经沧桑的著名学者，八十年代的王瑶，不用再写检讨，可以肆无忌惮地挥洒才华了。可很快地，王先生意识到自己心有余而力不足。对于人文学者来说，六十五岁并不是无法逾越的坎。1981年，王瑶在鲁迅诞辰一百周年纪念会上宣读广受好评且日后多次获奖的《〈故事新编〉散论》，一时意气风发。助手钱理群曾描述王瑶撰写此文时的精神状态："整整半个月，先生仿佛卸去了外在'角色'加于他的一切，沉浸在真正学者的单纯与明净之中。我不禁从旁欣赏起来，并且受到了深深的感动。我多么希望将此刻的先生永远'定格'，并且想，如果先生终生处于这样的'学者状态'，在他的笔下，将会出现多少天才的创造！但在我与先生相处的十多年中，这样的'状态'却仅有这一次。"[1]不仅写作状态，就以学术水平而言，这也是王瑶晚年最有光彩、最见功力之作。我要追问的是，在王瑶笔下，为何这样的"大文章"没能一而再、再而三地出现？

世人都说王瑶晚年著述丰硕，成绩斐然，但这只是表面现象。在我看来，作为学者的王瑶，并没有尽力而为，以他的身体及精

---

[1] 钱理群：《从麻木中挤出的回忆——王瑶师逝世一周年祭》，《王瑶和他的世界》第173页。

神状态,在八十年代本该有更多精彩著述。这一点,须考虑当事人的自我期许及实现程度。不妨引两位知根知底的西南联大老同学的追忆文章为证。季镇淮在《回忆四十年代的王瑶学长》中称:"自昆明至北平六七年间,王瑶学长表现了学术上的努力和信心,累积深厚,识见敏锐,成绩卓著。在清华新西院,他对我说过,'我相信我的文章是不朽的'。这似乎是青年人出于一时的狂言,但若没有真实的见解和坚强的信心,能说出这句话吗?他的《中古文学史论》,由一而三,复由三而一,一印再印,为中外学术界所赞许,已经得起时间的考验,他的学术上的抱负和自信诚不虚矣。"[1] 朱德熙的《哭昭琛》提及王瑶很有幽默感,做学问"总带着点逢场作戏的味道",然后话锋一转:"我一直认为昭琛具备一个大学者应有的素质。要是环境更好一点,兴趣更专一一点,他一定会做出更大的贡献。"[2] "文革"前二十多年的坎坷经历,属于大时代的悲剧,非个人意志所能改变;需要反省的是,"文革"后这十几年,王瑶是否尽心尽力?

先看出书情况,依刊行时间为序:1979年,上海人民出版社重印作者略加校改的1954年版《李白》;1982年,陕西人民出版社重印1952年版《鲁迅与中国文学》,增加二短文及《重版后记》;1982年,上海古籍出版社重印1956年版《中古文学史论集》,新增《读书笔记十则》及《重版后记》;1982年,中国青年出版社重印作者略加修订的1956年版《中国诗歌发展讲话》;1983

---

[1] 季镇淮:《回忆四十年代的王瑶学长》,《王瑶先生纪念集》第21—22页。
[2] 朱德熙:《哭昭琛》,《王瑶先生纪念集》第12—13页。

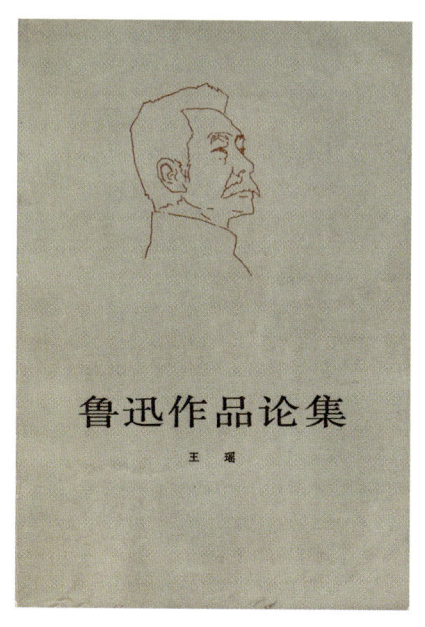 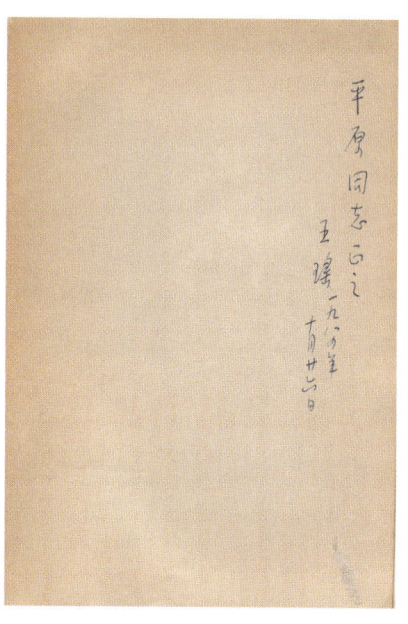

《鲁迅作品论集》
（人民文学出版社 1984 年版）

《鲁迅作品论集》王瑶先生题赠

年，人民文学出版社重印作者略加修订的 1956 年版《陶渊明集》；1986 年，北京大学出版社将棠棣三书合成《中古文学史论》，作者核校并撰《重版题记》。所有这些，都是小修小补，只能证明作者此前的努力。1979 年，王瑶在孙玉石、乐黛云、黄曼君、王得后（德厚）的帮助下，修订 1951 年版《中国新文学史稿》；此修订本 1982 年 11 月由上海文艺出版社刊行，增加了作为"代序"的《"五四"新文学前进的道路》以及"重版后记"。整个八十年代，王瑶新编撰的有以下三书：1983 年编定、1984 年 8 月由人民文学出版社刊行的《鲁迅作品论集》；1988 年 12 月拟定目录并撰

《王瑶文集》第1卷
（北岳文艺出版社1995年版）

写《后记》，1992年9月才由中国社会科学出版社刊行的《润华集》；1989年7、8月间编定并撰写《后记》，日后收入1995年北岳文艺出版社版《王瑶文集》及2000年河北教育出版社版《王瑶全集》的《中国现代文学史论集》[1]。十本书中，七种属于旧作重刊；《润华集》收录的是随笔，而《鲁迅作品论集》和《中国现代文学史论集》中的论文，也有不少撰写于"文革"前。这样的业绩，不算十分丰厚。

我在撰于1989年岁末的《为人但有真性情》中称："先生在学

---

[1] 1998年北京大学出版社刊行的《中国现代文学史论集》，是孙玉石应"北大名家名著文丛"邀约而另外选编的，与王瑶编定的著作名同实异。

《王瑶全集》1
（河北教育出版社 2000 年版）

《王瑶全集》2
（河北教育出版社 2000 年版）

术上是有遗恨的,以先生的才华,本可在学术上作出更大的贡献。'文革'后先生曾有一个大的研究计划,可终因年迈精力不济而无法实现。他常说,五七年以前他每年撰写一部学术著作,五七至七七这二十年却一部著作也没出版。大家都说耽搁了,可耽搁在人生哪一阶段大不一样,正当创造力最旺盛的时候被迫搁笔,等到可以提笔时却又力不从心,这种遗恨只有个中人才能理解。"[1]写下这段话时,凭的是平日的印象。日后阅读收录在《王瑶文集》第七卷或《王瑶全集》第八卷的"王瑶书信选",更坐实了我当初的猜测。

1979年8月31日,王瑶致信王德厚:"我终日蛰居斗室,消息闭塞,又做不出事来,更无从谈质量了,承您鼓励,至感,当勉力为之。但事实上自58年被当作'白旗'以来,廿年间虽偶有所作也是完成任务,已无要打算如何如何之意了。蹉跎岁月,垂垂老矣,虽欲振作,力不从心。"[2]1980年2月4日,王瑶再次致信王德厚:"我近来工作效率之低,并非耿耿于过去之挨批,确系精力衰退之故,每日应付日常琐事即感到再无力做事,虽欲振作,颇有力不从心之感,殊觉苦恼……"[3]1982年10月13日,王瑶致信石汝祥:"如我之年龄,已甚感力不从心,效率奇低,提笔如'垂死挣扎',不做事则等于'坐以待毙',仍决定以勉力挣扎较

---

[1] 陈平原:《为人但有真性情》,《王瑶先生纪念集》第278页。
[2] 王瑶:《致王德厚》,《王瑶文集》第七卷第635页。
[3] 王瑶:《致王德厚》,《王瑶文集》第七卷第639页。

好。"[1]类似的话,王先生多次讲给身边弟子们及来访客人听,故各家追忆文章中多有提及。

不是真的写不出来,而是写出来了又怎么样?对于眼界很高的王瑶来说,既然没办法达成自己的学术理想,放弃又有何妨?苦于太清醒,王瑶明显知道自己努力的边界与极限,再也没有年轻时"我相信我的文章是不朽的"那样的狂傲了。只是深夜沉思,"心事浩茫连广宇"(鲁迅《无题》)的王瑶,自有一种旁人难以领略的悲凉之感。

---

[1] 王瑶:《致石汝祥》,《王瑶文集》第七卷第663页。

三、作为导师的骄傲

同是"东隅已逝,桑榆非晚",八十年代的王瑶,单就著述热情及努力程度而言,比不上哲学家冯友兰(1895—1990)或社会学家费孝通(1910—2005);其主要业绩及贡献,更接近古典文学界的程千帆(1913—2000)或王季思(1906—1996),都是运筹帷幄,悉心指导研究生,并从事学术组织工作。考虑到中国现代文学学科的特殊性,以及此学科在八十年代思想解放运动中所发挥的作用,北大教授王瑶的工作因而更为引人注目。

举两位与王瑶关系密切的学者的文章,看他们眼中王先生的晚年。王得后在《王瑶先生》中称:"其实,王先生在最后的13年,做了大量工作。……两次出国讲学,一次赴香港讲学,在他个人的生平,也是'史无前例'的。培养了近十名中国现代文学硕士、博士研究生,他们新作迭出,苗而且秀。从80年代开始,长中国现代文学研究会整10年,主编《中国现代文学研究丛刊》整10年。"[1]中间省略部分,是介绍王先生的诸多著作。樊骏的《论文学史家王瑶——兼及他对中国现代文学学科建设的贡献》则更多从学科发展的角度立论:"从50年代初开始的20多年时间里,中国现代文学学科所经历的一连串厄运,使它的发展建设往往成了

---

[1] 王得后:《王瑶先生》,《王瑶先生纪念集》第118—119页。

一场场灾难。……晚年的王瑶为学科作出了更多建树,也得到了应有的尊重与声誉,最后10年的学术生涯称得上'夕阳无限好'。"[1]这两位都不讳言王瑶晚年在个人著述方面的遗憾,但都强调其在学会、丛刊以及学科建设方面的贡献。[2]换句话说,关注晚年王瑶,或许必须将论述角度从"学者"转为"导师"。

八十年代的中国学界,如何承上启下促成薪火相传,成了老一辈学者义不容辞的责任。而学位制度的建立,使得这种"苦心孤诣"成为可能。至于各种专业学会的建立,更是推动学术发展的重要契机。但是,并非所有导师都尽职,也不是所有学会都健康成长,这与主持其事者的心胸与眼界大有关系。不仅仅是组织才能或道德境界,更亟须某种战略家的眼光。这方面,王瑶有充分理由感到自豪。若谈八十年代中国的"中国现代文学研究",必定绕不过1980年7月王瑶在中国现代文学研究会首届年会上所做的专题演讲,这篇《关于中国现代文学研究工作的随想》[3],对日后整个学科的健康发展有指导意义。与不少全国性学会陷入无穷尽的人事纠纷不同,中国现代文学研究会乃至整个中国现代文学界,整体风气是好的,这与王瑶等老一辈学者的言传身教有密切关系。

在这个角度,我才能理解那册除了讲话、就是序跋的《润华

---

[1] 樊骏:《论文学史家王瑶——兼及他对中国现代文学学科建设的贡献》,《王瑶和他的世界》第400—401页。

[2] 樊骏撰有长文《在会长与主编的岗位上》,载《王瑶先生纪念集》第414—430页。

[3] 王瑶:《关于中国现代文学研究工作的随想——在中国现代文学研究会学术讨论会上的发言》,《中国现代文学研究丛刊》1980年4期。

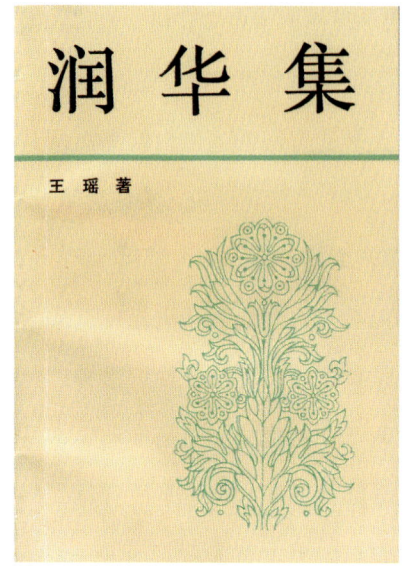

《润华集》
（中国社会科学出版社1992年版）

集》的意义。作者在《后记》中称："谁都知道，中国现代文学研究工作开国以来走过了一条坎坷的道路，近几年才走上了学术研究的坦途，诸说纷呈，前景喜人。作为从事这项工作长达四十年的作者，对之不能不感到无限的欢欣。书名《润华集》，取'润花着果'之意，是蕴含着作者自己的艰辛经历和对这一学科的繁荣发展的祝愿这种感受的。"[1] 此文撰于1988年12月22日，一年后，王先生便驾鹤西行了。那些为后辈学者撰写的序言，有学理上的阐发，但更直接的作用是为新一代学者的崛起"保驾护航"。

这就是八十年代中国学界令人怀想的地方——三代学者同一个舞台，却没有发生大的碰撞；许多老先生很快调整姿态，不再坚

---

[1] 王瑶：《〈润华集〉后记》，《润华集》第257页，北京：中国社会科学出版社，1992年。

持个人著述,转而成功地扮演伯乐或导师的角色。我记得很清楚,王瑶先生去世时,钱理群冒出一句很沉痛的话:"大树倒了!"活跃在大转型的时代,替无数后辈学者遮风挡雨,这样令人尊敬与怀念的"大树",属于那个时代诸多目光如炬且敢于直言的老教授。

或许是年龄的缘故,晚年的王瑶,喜欢谈论自己在清华大学念研究生时的导师,曾连缀旧作,增补新编,撰成了《念朱自清先生》和《念闻一多先生》。这两篇夹叙夹议的长文,并非一般意义上的文学批评,而是兼及古典与现代、诗文与学术、教育与思想、史实考证与个人追怀。《念朱自清先生》总共九节,断断续续写了近四十年,我在《念王瑶先生》一文中曾清理此文各节的写作机缘及发表状态[1]。这里说说《念闻一多先生》。此文完成于1986年9月26日,同年10月6日在清华大学召开的第三届全国闻一多研究学术研讨会上宣读,初刊《中国现代文学研究丛刊》1987年第1期。可此文第一节"生命的诗"乃根据作者1946年8月25日发表在《文汇报》上的《忆闻一多师》以及1949年7月16日刊于《光明日报》的《念闻一多先生》改写而成;第四节"说诗解颐"初刊1986年10月23日《新清华》及《北京大学》校报;第五节"治学风范"发表在1987年1月23日《厦门日报》上;添上了第二节"诗歌艺术"和第三节"诗歌理论",才是完整的全文。为何如此大费周折,而不是一气呵成、一锤定音呢?这里有年龄与体力的因素,但更重要的是,作者几十年间始终在

---

[1] 陈平原:《念王瑶先生》,《当年游侠人——现代中国的文人与学者》,北京:三联书店,2006年。

跟早年的导师进行精神对话，并由此推进自己对于现代中国教育及学术的思考。比如，《念闻一多先生》中这段话，日后被广泛引用："以前的清华文科似乎有一种大家默契的学风，就是要求对古代文化现象作出合理的科学的解释。冯友兰先生认为清朝学者的治学态度是'信古'，要求遵守家法；'五四'时期的学者是'疑古'，要重新估定价值，喜作翻案文章；我们应该在'释古'上多用力，无论'信'与'疑'必须作出合理的符合当时情况的解释。这个意见似乎为大家所接受，并从不同方面作出了努力。……闻先生的《诗经新义》、朱自清先生的《诗言志辨》都是在这种学风下产生的成果。我是深受这种学风的熏陶的。"[1] 这不仅是自报家门，更是进行学术史清理；有意无意中，开启了日后大学史研究的新思路。

《念闻一多先生》虽夹杂一些个人感慨，仍属专业论文，可文章结尾，作者突然话锋一转，提及眼下清华大学重建中文系，希望大家发扬闻一多风范云云。如何理解王瑶对于"清华学派"的论述，以及其立说的机缘、宗旨、边界及学理依据等，我在《大师的意义以及弟子的位置——解读作为神话的"清华国学院"》中有所辨析[2]。下面换一个角度，主要着眼于此说在教育史及学术史上的意义。

---

[1] 王瑶:《念闻一多先生》,《王瑶全集》第五卷第657页，石家庄：河北教育出版社，2000年。
[2] 参见陈平原《大师的意义以及弟子的位置——解读作为神话的"清华国学院"》,《现代中国》第六辑，北京大学出版社，2005年12月。

四、作为路标的意义

晚年的王瑶先生，除了中国现代文学研究的著述与指导，还做了两件未完工但前途无量的事：一是提倡学术史研究，二是为清华文科招魂。有趣的是，二者之间，其实存在着某种内在联系。

我在《大学者应有的素质》中提及："八十年代以后，渐入老境的王先生，并没把主要精力放在个人著述，而是着力培养后进，以及推动学科发展。这种选择，其实蕴含着略显消极的'自我定位'：已经没有能力冲击新的高度。"只有一点例外，那就是激情洋溢地发起并投入《中国文学研究现代化进程》的编纂工作。在上述"出版感言"中，有这么一句："在我看来，学术史上的王瑶先生，除了中古文学研究和现代文学研究这早有定评的两大功绩外，还必须加上意识到但尚未来得及展开的学术史研究。"[1]

关于此书的缘起、体例、进程及遗憾等，我在《中国文学研究现代化进程》的"小引"中已做了详细说明，这里只想提及一点，此书的最初动因，乃是王瑶在全国社会科学"七五"规划会议上的发言："从中国文学研究的状况说，近代学者由于引进和吸收了外国的学术思想、文学观念、治学方法，大大推动了研究工

---

[1] 陈平原：《大学者应有的素质》，《王瑶和他的世界》第536页。

王瑶先生在未名湖畔（1983年5月7日王先生70岁生日当天）

王瑶夫妇与学生合影

作的现代化进程。……从王国维、梁启超,直至胡适、陈寅恪、鲁迅以至钱锺书先生,近代在研究工作方面有创新和开辟局面的大学者,都是从不同方面、不同程度地引进和汲取了外国的文学观念和治学方法的。他们的根本经验就是既有十分坚实的古典文学的根底和修养,又用新的眼光、新的时代精神、新的学术思想和治学方法照亮了他们所从事的具体研究对象。"这段初刊中国社会科学院编印的《学术动态》第279期的"千字言",引起了很多人的兴趣,于是,有关方面动员他老骥伏枥,认领了这个最初名为"近代以来学者对中国文学研究的贡献"的国家课题[1]。王先生私下里表示,他最想探讨的是,为何百年来中国的文学研究格局越做越小,水平越来越低,以致让人有"一代不如一代"的感叹。如此逆耳之言,在当年的舆论环境中,属于"政治不正确",只能关起门来说。

此课题命运多舛,尚未渐入佳境,就碰上了大风大浪,随后便是主编辞世;最终能勉强完成,得益于课题组同人的鼎力支持。主编王瑶来不及撰写总序,只留下了基本思路及只言片语,这使得全书缺乏整体感,各章之间水平不太均匀。但此书有两点意想不到的效果:一是开启了九十年代的学术史研究热潮,二是凸显了清华文科的特殊价值。最初选择二十个案,定稿时只有十七章,而其中明显带有清华印记的(求学或教书),竟然占了八席(梁启超、王国维、陈寅恪、朱自清、闻一多、俞平伯、吴世昌、王元

---

[1] 参见陈平原《〈中国文学研究现代化进程〉小引》,载王瑶主编《中国文学研究现代化进程》,北京大学出版社,1996年。

化)。考虑到求学与任教的差异以及民国年间教授的流动性,同一个案可重复计算;即便如此,体现在本书中的"学术图景",清华的业绩在北大之上,这出乎一般人意料。

这就说到了《念闻一多先生》结尾的那句话,"近闻清华大学又在筹建中国文学系"[1]。正是因清华复办中文系,使得曾在清华求学任教十几年的王瑶浮想联翩。关于王先生如何为清华复办中文系出谋划策,原清华中文系主任徐葆耕在《瑶华圣土——记王瑶先生与清华大学》中有详细的描述,值得参阅[2]。

不仅如此,晚年的王瑶,多次在私下或公开场合声称:"我是清华的,不是北大的。"这句话,王瑶从未落在纸上,但身边的弟子及访客可以证明。明明大半辈子生活在燕园,王瑶为何坚持自己属于清华,这让学界很多朋友大惑不解。必须记得,说这话的前后,王瑶撰写了《念朱自清先生》和《念闻一多先生》二文。因撰文怀念师长,重新回到美好的青年时代,爱屋及乌,因而特别表彰清华的学风及文化,这是一种可能性。从二十一岁到三十九岁,这十八年间,王瑶与清华结下了不解之缘。至于后面的三十多年,不愉快的岁月居多——即便没有那些阴影,北大生活也都不如清华岁月刻骨铭心。这是没办法的事情,要说对于母校的感情,学生远在教授之上。

说到王瑶对于清华的认同感,不仅因其"青春年华",更因其

---

[1] 王瑶:《念闻一多先生》,《王瑶全集》第五卷第658页。
[2] 参见徐葆耕《瑶华圣土——记王瑶先生与清华大学》,《王瑶先生纪念集》第389—398页。

"名山事业"。出版于 1951 年的《中古文学史论》不用说,另一部代表作《中国新文学史稿》,上册刊行于 1951 年,就连出版于 1953 年的下册,其完稿时间也是在 1952 年 5 月 28 日。此后三个月,王瑶方才转任北大教员。凡略为了解现代中国学术史的,都明白这两部书的分量及地位。因而,说清华时期乃学者王瑶的黄金时代,一点也不为过。相反,到了北大以后,虽也有不少撰述,但再也写不出"体大思精"的著作了。这是"事实",但不等于"结论"。需要辨析的是,王瑶所遭遇的困境,到底是学校的问题,还是大时代的限制。假如没有院系调整,依旧生活在清华园里的王瑶,恐怕也未必有好的处境。让王瑶很不喜欢的、几乎让人窒息的学术氛围,与其说是"校风",不如承认缘于整个国家的意识形态[1]。

当然,我不否认二十世纪三四十年代北大中文系与清华中文系之间,在教育宗旨与学术风气上,存在着不小的差异。这点对于王瑶日后的论学与论政,确有一定的影响。在《从古典到现代——学通古今的王瑶先生》中,我曾谈及王瑶五十年代批判胡适时所撰写的几篇谈考据学的文章,除了受时代风气影响,也蕴

---

[1] 这里不谈清华的"反右"与"文革",即便拨乱反正后,依旧让老学生有"今不如昔"的感叹。资中筠的《清华园里曾读书》(《读书》1995 年 1 期)说得比较隐晦,于光远的《大学者,有大师之谓也》(《中华读书报》1999 年 3 月 10 日)则直截了当:"怀念母校是个普遍的现象。人老了更觉自己青年时代之可贵。不过现在我怀念清华,还同自己的教育观点有关。我是个'昔不如今'论者,但坦白地说,如果我是一个要上大学的学生,要我在旧时和现时的清华中进行选择,我会毫不迟疑地选择前者。"

讲述"我的北大学缘"（2023年9月22日）

含着某种学派之争。"闻、朱二位虽都曾'像汉学家考辨经史子书'那样，专注于某些字和词的考据训诂；可都将其研究置于诗学、神话学或文化人类学的背景下。也就是说，这种蕴含着理论眼光与历史意识、近乎小题大作的'考据'，才是王先生心目中理想的文学史研究。这就难怪先生对胡适讲考据学'只不过尊重事实，尊重证据'的说法很不以为然。"[1]

---

[1] 陈平原：《从古典到现代——学通古今的王瑶先生》，《王瑶和他的世界》第314—315页。

《当年游侠人——现代中国的
文人与学者》
(北京三联书店 2006 年版)

青春记忆、师长追怀、个人遭遇,再加上治学路径的差异,导致了王瑶更为认同清华而不是北大。必须承认,"我是清华的"这一说法本身,带有某种策略性考量(如配合清华中文系的复建);但更重要的是,王瑶谈论的其实并非北大、清华孰优孰劣,而是"老清华"与"新北大"的巨大差异。

作为长期生活在燕园的中国现代文学研究专家,王瑶对北大同样充满感情,这一点读孙玉石的《风雨燕园四十载》当能明白[1]。只是因痛感当下中国大学的精神状态及学术水平不尽如人意，王瑶于是进入历史，努力寻找一种较为理想的大学形态，自然而然地，他选择了自己熟悉的清华大学。明白这一点，对于王瑶用饱含深情且不无夸张的语调来谈论"清华学派"，也就释然了。

民国年间的清华大学，其文史哲各系实力雄厚，与北大文科之追求古雅渊深相比，显得更有朝气，也更有进取精神。但王瑶想做的不是"学科排名"，考虑到同一时期他在尝试学术史研究，且感叹中国学者一代不如一代，因此，不妨这么设想，他之极力为民国年间的清华文科叫好，某种意义上是在为老大学"招魂"。

二十多年前，无论王瑶本人还是整个中国学界，对"老大学"的魅力并不敏感，也没有多少专门论述，只是隐隐约约感觉到，那个时候的大学生活更值得追怀。如今，混合着政治批判、史学视野与怀旧思潮的"大学史"言说，逐渐引起国人的兴趣，这个时候回想王瑶之提倡学术史研究以及表彰清华文科，方才悟出一种特殊的味道。回到那个未完成的课题以及那本《中国文学研究现代化进程》，我终于明白，需要认真清理的，不仅是"文学观念和治学方法"，更是深受意识形态影响与制约的大学制度。

2014年4月23日于京西圆明园花园

（初刊《文学评论》2014年第4期）

---

[1] 参见孙玉石《风雨燕园四十载——王瑶先生与北京大学》，《王瑶先生纪念集》第399—409页。

风雨读师四十载

一、小引

夸张点说,这篇文章写了十年。

开笔时间是2014年9月,写作机缘是王瑶先生百年诞辰纪念活动结束,没有出现大的纰漏,学界反应很好,我大大松了一口气。事情办妥后,给师母写信汇报,同时敲下了这个题目。想从1984年9月我到北大念书说起,讲述一个不太聪明但运气很好的外省青年,如何历经各种坎坷,一路跌跌撞撞,终于在诸多师友——尤其是王瑶先生的栽培与帮助下走到了今天。不用说,当初的题目是《风雨读师三十载》。

一开始雄心壮志冲云天,但写作很快陷入了困境:到底选择什么样的文体?是论文、杂感还是回忆录,这里涉及视角、距离、口气与节奏,都不太好把握。希望兼及史家立场与弟子感情,主要目的却是与先师对话——他的风雨,我的风雨,两代人的风雨交叉重叠。

不是每位师长都有机会进入学术史或思想史的,大多数情况下,人走茶凉,很快就被遗忘。但王先生不一样,他有可能穿越壁障,不断召唤后世读者。既然如此,我就有义务及机会参与这种隔空对话。某种意义上,谈老师就是谈自己,不断与之对话,也是在反省自己的路径,督促自己不要偷懒。当然,如操作不当,也容易

王先生：

您好。

我准备报考您的博士研究生，现寄去"论四十年代国统区的讽刺文学"和"论京派某作家地山小说的宗教色彩"二文。前者是我的学士论文，后者是我的学年论文。

大文 敬致

学生：陈平原

一九八二年六月三日

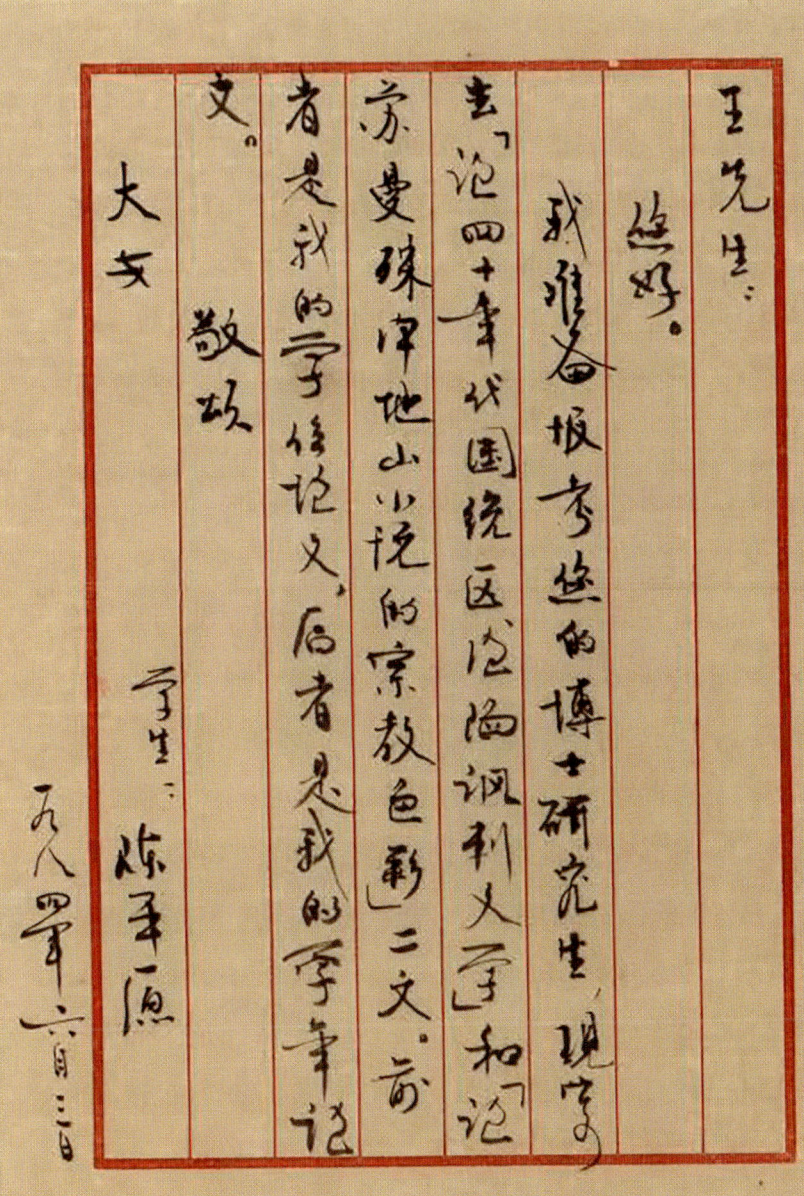

演变成自我炫耀。既要追忆,也在探究,还得有分析与批判,尽可能兼及公心与私谊,把握好分寸,方才可能成为一个有温情但也有立场的史学家。

说起来容易,真正实施却碰到很多障碍。我对王先生的了解,其实是随着年龄与阅历的增长而逐步深入的;至于资料的发现等,那尚在其次。拔白旗时的感受,"文革"中的痛苦,以及"文革"后的奋起无力,不身临其境,很难感同身受。学者的著述以及教学的业绩,这些比较容易阐述;而作为知识者的命运,这是王瑶先生这一个案最值得推敲的,却不太好展开。既想避开陷阱,又想有所发明,就这么几次拿起,又几次放下,终于无疾而终。

之所以重拾信心,是因为筹划今年五月的王瑶先生诞辰110周年学术活动,中国现代文学馆的"王瑶学术文献展"、北大出版社的"王瑶著作系列"以及河北教育出版社的《王瑶全集》重刊,再加上受北京大学人文社会科学研究院邀请,与几位学生合作编著《王瑶画传》,还有北大中文系、北大现代中国人文研究所等正在筹划的学术研讨会。这么多好事凑到一起,你不奋发图强,说不过去的。

这回学乖了,不画充饥的大饼,老老实实地一节一节往下写,夹叙夹议,讲述时势变迁,引录师友文章,旁及自己的思考。既不是传记,也不是专论,絮絮叨叨,更像是坐在镜春园的客厅里向老师汇报工作——主要讲述王先生去世后,学界以及我本人的思考与作业。

考虑到此文即将进入同名小书,书中准备收录的文章,这里就按下不表了;反之,则采用大段引述或小心加注的形式,将其纳入视野。

二、奇妙的师生缘分

1992年6月26日,已经是北大中文系青年教师的我,在京西蔚秀园为自家《小说史:理论与实践》撰写"小引",最后一节属于荡开去的笔墨:

> 又是一度荷花开。
>
> 八年前的这个时候,我到北大投考王瑶先生的博士研究生。此后,便与未名湖结下了不解之缘。近三千个日日夜夜,在这寂寞而又喧闹的校园里,有过许多"不足为外人道也"的痛苦与欢乐、希望与绝望。
>
> 就像湖底的彩云一样,那么绚烂又那么脆弱,随便丢下一块小石头,一切都烟消云散。留下的只是未必美好的记忆。就在彩云裂开的那一瞬间,我失去了尊敬的导师,也失去了慈爱的父亲,真正体会到生离死别的悲苦。或许,没有真正遭遇爱情、没有直接面对死亡,都算不上成熟。父亲生前很欣赏我写的《未知死,焉知生》一文,说是看得出我"长大了"。可那只是纸上谈兵,书本知识远没有切肤之痛来得真切和强烈。不敢说从此参透人生,但看待

《小说史：理论与实践》
（北京大学出版社1993年版）

人世间的纷争，从此多了个参照系。[1]

我的博士指导教师王瑶先生（1914—1989），与我的父亲陈北（1925—1991）从未谋面，但两人都对我走上学术道路起了决定性影响。所以我才会在"小引"中称："写完这本小书，又一次领悟父亲的养育之恩和王瑶先生的教诲之功。我之所以走上这不算辉煌的学术之路，全靠他们二位的诱导和鼓励。"

学界中人，都能理解恩师的作用；而对于父母亲，主要是感

---

[1] 陈平原：《〈小说史：理论与实践〉小引》，《小说史：理论与实践》，北京：北京大学出版社，1993年。

怀养育之恩。我的父亲不一样，虽然只是僻处洋铁岭下的广东汕头农校的语文老师，但他对我学术上的引领与期待，却是至关重要的。二十多年前，我曾撰写《子欲养而亲不待》，初刊《十月》1995年第5期，其中有这么一段：

> 虽说父亲临终时，我赶到跟前，略尽了为人之子的责任。可此前几年父亲多次住院都不通知我，说是怕影响学业；往往是危险期过了才告知，并且嘱咐，路远不必往回赶。回家乡时有人说起此事，加了句评语：值得吗？意思是说如此为子女考虑，那"学业"真有那么重要吗？父亲年轻时投身革命，没能完成学业，因而特别希望孩子在学术上能有所成就。出书、获奖或者提职称，在旁人是小事一桩，父亲则看得很重，似乎真有多么了不起。为了让儿子能专心治学，父亲多少次独自在死亡线上挣扎。每念及此，我就记起"值得吗"的评语——受嘲讽的应该是所谓一心向学的孩子，而不是"可怜天下父母心"。不要说时至今日，学业仍无成；即便真有大成就，也不见得就能避免这种深深的内疚与自责。[1]

十年后，拜读母亲陈礼坚《忆陈北》，以下这段话让我既感且愧："晚年病中，孩子们的一封来信，就能让他高兴好几天。他把

---

[1] 陈平原：《子欲养而亲不待》，《学者的人间情怀》第210页，珠海：珠海出版社，1995年。

孩子们的来信，一本本装订成册，闲时摸搓浏览，孩子们的孝顺和成就是医治他创伤的妙药灵丹……从1984年至1991年逝世，这七年间，他先后住院七次，共176天。孩子们皆在外，我一个人服侍吃药、打吊针、买菜，在病房小角落里做饭，夜间用布椅睡在病床前，直至永别。"[1]

去年6月，湖南人民出版社推出我主编的《漫说文化丛书·续编》十二册，每册都由我与一位早年学生合作编选，其中合编《家庭内外》时，我"内举不避亲"，要求收入这则《子欲养而亲不待》——那虽是一挥而就的短文，却蕴涵无尽的哀思与感怀。我本资质平平，加上成长环境严酷，最后能在学术上小有成就，绝对离不开父亲早年的精心培养，以及生病后默默地苦苦撑持，以便让我专心治学。

三十多年前，我撰写《父亲的书房》，初刊《群言》1992年第12期，后收入《故乡潮州》，其中这段话可入我的学术自传：

> 父亲的藏书充实了我颇为艰难的八年知青生活，同时也规定了我日后学术的发展方向。这一点我也是很晚才意识到的。甚至连我日后的求师问学，似乎冥冥之中也早就注定。在乡下，我自学了大学中文系的课程，用的是游国恩、王起、季镇淮等先生主编的《中国文学史》、王瑶

---

[1] 陈礼坚：《忆陈北》，初刊中国人民解放军闽粤赣边纵队第四支队医务处老战士编印的《杏园彩笔》第66页，自刊本，2007年；后收入陈平原编印的《双亲诗文集》，自刊本，2016年。

先生的《中国新文学史稿》和黄海章先生的《中国文学批评简史》。真没想到，这些先生后来大都先后成了我的业师。当我决定报考王瑶先生的博士研究生时，居然能从父亲的藏书中找到几乎所有王先生"文革"前出版的学术著作（就缺一本《中国文学论丛》）！前几年回家，又找出绝大部分林庚先生"文革"前出版的著作；本想带回来向林先生炫耀一番，可惜广州火车站遭劫，这段"师生因缘前定"的故事因而无法落实。真不知道父亲当初是如何选中这些书的，或许冥冥之中真有天意。[1]

家有藏书，不等于就认真阅读过；但就好像落地的种子，只要气候及水分合适，就会噌噌地冒出地面。父亲虽只是一个中专语文教师，且长期生活在远离城市的大山脚下，居然收藏了那么多文学史著作，实在出人意料。所以，抚摸书柜里父亲购藏的王瑶先生几乎全部早年著作，我才会感叹"师生缘分"。

只说一句"居然能从父亲的藏书中找到几乎所有王先生'文革'前出版的学术著作"，还是嫌太抽象了，阅读时一不留神就会轻易放过，请允许我从头清点，且按照购书顺序排列。

1. 王瑶著：《中国新文学史稿》上册，上海：新文艺出版社，1954年3月上海第1次重印。此次印刷15000册，累积印刷35000册（根据开明书店1951年9月纸型重印，本书曾印五次），封面盖"陈英名印"（那是父亲的原名）。

---

[1] 陈平原：《故乡潮州》第259页，北京：商务印书馆，2022年。

2. 王瑶著:《李白》,上海:华东人民出版社,1954年9月第1版第1次印刷。扉页上题"陈北,五四年十月廿一日农校",封面盖"陈英名印",没有阅读标记。

3. 浦江清、余冠英、王瑶等著:《祖国十二诗人》,中华书局,1954年11月上海第2版第2次印刷。上题"陈北,1954.12.5.",主要阅读王瑶的代序《什么是中国诗的传统》,圈点密密麻麻。此外,有阅读标志的是谈屈原、杜甫、白居易、辛弃疾那几章,如此"哀民生之多艰"以及"壮怀激烈",与时代风气密切相关。

4. 王瑶著:《中国诗歌发展讲话》,北京:中国青年出版社,1956年。封面及扉页都有签名,但没有购书时间。此书父亲读得最认真,每一章都有标记,紧要处还补抄相关资料。

5. 王瑶著:《中国新文学史稿》下册,上海:新文艺出版社,1955年5月上海第1版第5次印刷,34021—38040册(1953年8月上海第1版第1次印刷)。此书封面有母亲的签名"陈礼坚,一九五五年六月六日"。看购书时间,《李白》《祖国十二诗人》以及这本《中国新文学史稿》下册,都是上个月印行,下个月就到了偏僻的汕头农校,可见那时图书发行的速度,以及普通读者的学习热情。母亲那时还只是汕头农校图书馆的馆员,四年后才经由进修而成为中学语文教师。父母亲购藏的《中国新文学史稿》上下册,明显都认真读过,书上画了很多红线。日后我报考北大博士生时,也曾使用这两册书,只是每个人画线风格不同,还是能大致判断。

6. 王瑶编注:《陶渊明》,北京:作家出版社,1956年。扉页签名"陈北"。父亲明显认真读过该书前言,有多处圈点,尤其鲁迅关于陶渊明的论述。大概是为了备课需要,标记最仔细的是《归园田居五首》以及《桃花源诗并记》。另外,画圈的还有《挽歌诗三首》《五柳先生传》《归去来兮辞并序》《自祭文》等,这与购藏《李白》而没有留下任何阅读标记,形成了鲜明对比。也许身处逆境的父亲,更能欣赏陶渊明的"采菊东篱下,悠然见南山",而不是李白的"大鹏一日同风起,扶摇直上九万里"。

7. 王瑶著:《关于中国古典文学问题》,上海:上海古典文学出版社,1956年9月第1次印刷。封面签名盖章,并记"56年11月2日"。该书圈圈最多的是第一篇《鲁迅对于中国文学遗产的态度和他所受中国古典文学的影响》,一是父亲历来崇拜鲁迅,二是此文确实最能体现王先生兼及古今的优长。虽然《从俞平伯先生对〈红楼梦〉的研究谈到考据》因得到毛泽东的赞许而声名鹊起,但就文章质量而言,父亲的判断是对的。

8. 王瑶著:《中古文学风貌》,此乃上海棠棣出版社刊行的"中古文学史论之三",1951年8月初版,印制3000册。该书大概是从旧书店买来的,涂掉了原签名,图书九成新,没有圈阅的痕迹,估计是太专业了,父亲未读。

对于我考上北京大学,追随王瑶先生读博士,父亲很是兴奋,经常问长问短。1987年夏天,我终于拿到博士学位,父亲感叹读不懂我的博士论文,但对学位证书很感兴趣,让我记得下次回家时带上,以便仔细看看。那时年少,不太能理解父亲的拳拳之心,

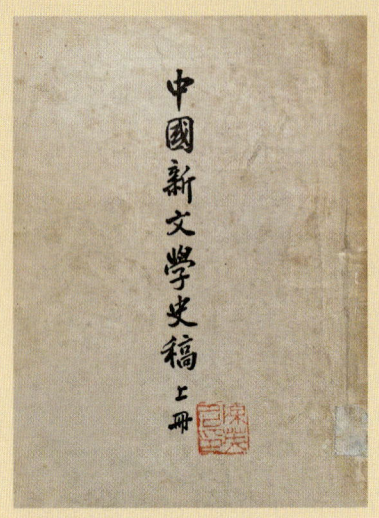

《中国新文学史稿》上册
（新文艺出版社1954年版）

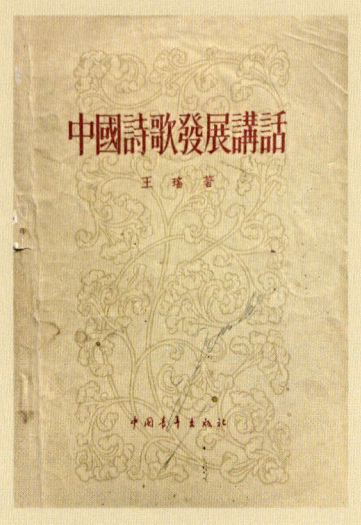

《中国诗歌发展讲话》
（中国青年出版社1956年版）

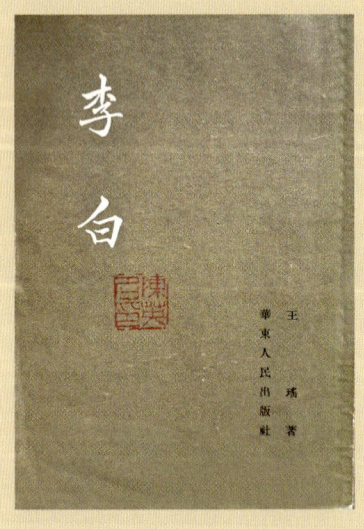

《李白》
（华东人民出版社1954年版）

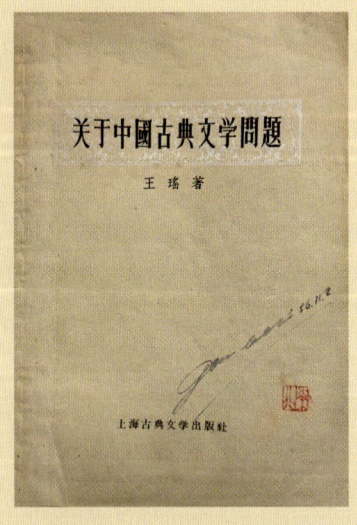

《关于中国古典文学问题》
（上海古典文学出版社1956年版）

与父母在未名湖边合影（1987年10月5日）

还表示没什么好看的，就一张纸。

不久，因机缘凑合，父母亲决定北上探亲兼旅游。那时交通很不方便，父亲身体又不太好，我有点担心——先搭十小时长途汽车来到广州，住上一两天，再乘三十六小时的火车才能到达京城。

我书柜里长期放置一张加镜框的照片，那是父母亲和我们夫妇在北大校园的合影，父亲在照片右下角写下拍照的地点及时间："未名湖畔，1987年10月5日。"我记得很清楚，那天游览北大校园，大概是上午十点开始，因提及王先生习惯于上午睡觉，午后才起床，大概怕打扰，父亲没提拜访王先生。其实拍照的地方离王先生的住处镜春园76号，走路也就五分钟，我居然没有略为变通，带父母亲登门拜访。事后被王先生狠狠批评，我自己更是后悔不已。

1991年1月，我赴香港中文大学做短期研究之前，顺道回潮州探亲，最后一次跟父亲长谈。那时因参与编辑《王瑶文集》，得见王先生1942年手稿《坷坎略记》，当时很震撼。1937年7月全面抗战爆发，时年二十四岁的清华中文系三年级学生王瑶恰好回家，没能及时跟上南迁的队伍，日后因主客观各方面原因，困守老家山西平遥，五年荒疏，身心俱疲，最后孤注一掷，下决心穿越封锁线，赴滇完成学业。此手稿写于离家出走多时、辗转跋涉而又尚未到达昆明期间[1]。我相信这文章是王先生写给自己看的，自我警醒，开弓没有回头箭。听了我的转述，父亲沉吟良久，就说了一句：人生的路很长，但最关键的，也就是一两步。几个月后，父亲因病辞世，这一本来相对空泛的感叹，几乎成了"临终遗言"。

父亲晚年多次反省自己走过来的坎坷历程，对年轻时在台湾谋生／写作一年及其严重后果感受最为复杂，也最深刻。多年后，我有幸读到父亲的整套档案资料，看他不断追求上进又不断受挫，经常写检讨反省个人主义思想作祟，而又心有不甘，拼搏向前，一路走来跌跌撞撞，碰得头破血流，这才明白他的感叹。关键的

---

[1] 参见王瑶《坷坎略记》，《王瑶文集》第七卷第434—439页；《王瑶全集》第七卷第201—207页，石家庄：河北教育出版社，2000年。

一步没走好,以后很难凭人力挽回。可说实话,能够自觉、自主地选择适合自己的人生道路,这需要很高的运气与智慧,不是每个人都能达到的。

多年后回想,我之所以恰好在居港期间撰写那篇引起很大争议的《学者的人间情怀》[1],与时代风云变幻有关,但也与得见王先生《坷坎略记》手稿以及父亲那一声长长的感叹不无联系。

---

[1] 此文撰于 1991 年 4 月中旬,发表略为耽搁,初刊《读书》1993 年第 5 期。

三、未名湖边的身影

　　王先生去世后半个月，我撰写了《为人但有真性情——怀念王瑶师》，初刊《鲁迅研究月刊》1990年第1期，后收入《王瑶先生纪念集》（天津人民出版社，1990年）等。此文传播甚广，且有不知名的朋友将其改题《王瑶先生的烟斗和酒杯》，刊《人民日报》（海外版）1990年2月22日[1]。除了文章写得不错，情真意切，更重要的是，很多人借此传达温馨的关怀。特别感谢樊骏先生在《在会长与主编的岗位上》中三次正面引述："最近有人指出……""他晚年的一位高足还用……""有位青年同志忆及1989年初冬时节……"[2]，明显也是别有幽怀。但有一点，近日重读《王瑶先生纪念集》方才发现，《鲁迅研究月刊》版和《王瑶先生纪念集》版小有差别，前者少了最后一段："夜已深，窗外似乎下着雪，我抬起头，凝视着书橱里先生的遗墨，确信先生仍在关注着弟子

---

[1] "当年（1990年2月）发表此文很不容易，编辑为此颇费苦心，作了若干无伤大雅的剪裁；而国外的朋友正是借此文知道我的境况，日本的学者甚至将其译为日文发表——一大半为了先生，一小半为了学生我。如今收录此半篇文章，也算是纪念一个即将逝去的时代。"参见陈平原《〈书生意气〉小引》，《书生意气》，上海：汉语大词典出版社，1996年。
[2] 参见樊骏《在会长与主编的岗位上》，《王瑶先生纪念集》第414—430页。

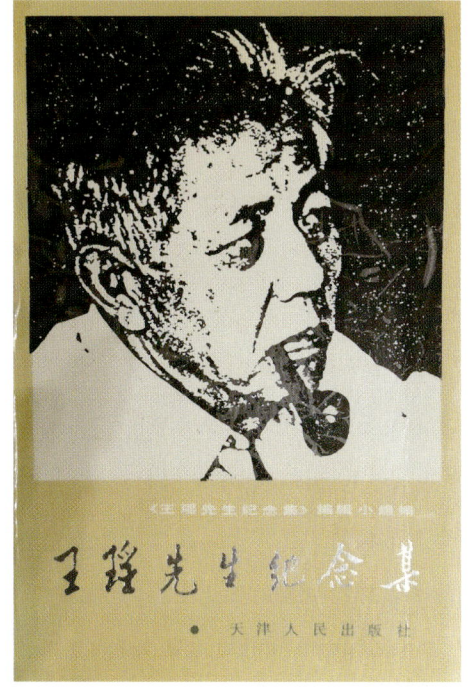

《王瑶先生纪念集》
（天津人民出版社1990年版）

的修身治学。我不能不谨慎着我的每一个脚步……"[1]不像是避讳，估计是杂志版面的问题。日后此文多次入集，或连缀若干旧作而成《念王瑶先生》，用的都是《鲁迅研究月刊》版，若非此次重读，不会发现这一删节。

所谓窗外下着雪，既是自然现象，多少也传达了那个特定时刻的个人心境。十多年后，某次大雪，大清早起来，我专门跑到王先生原先居住的镜春园76号拍了好几张照片，发给远在英伦的师母杜琇等。恰好几天后，学校要我在新年晚会上代表北大"十

---

[1] 参见《王瑶先生纪念集》第278页。

佳教师"发言。除了几成套语的"获奖感言",我更想表达的,是对于过去一年中不幸谢世的诸位师友之依依不舍。明知老成凋谢是自然规律,谁也阻挡不了;可一个小小的中文系,一年中,竟先后有六位教授仙逝,着实让人伤感不已。这篇题为《行过未名湖边》的短文是这样开篇的:

> 临近岁末,京城里终于下了场期盼已久的大雪。大白天,雪花纷纷扬扬,漫山填谷,既满足了公众观赏雪景的欲望,又给"瑞雪兆丰年"之类祝福提供了足够的谈资。行过未名湖边,看着冰面上嬉戏的少男少女,猛然间浮上心头的,竟是艾青的名诗《雪落在中国的土地上》。明知眼前的欢愉景象,与诗人当年的郁闷与感伤风马牛不相及,可还是念念不忘。就像今人仍在吟唱田汉作词的《义勇军进行曲》一样,半个多世纪前诗人艾青的感叹——"中国的路/是如此的崎岖/是如此的泥泞呀",依旧撼人心魄。更何况,我眼前的心境,确实也正被"寒冷"所"封锁"。[1]

此前此后,我多次雪后到未名湖边散步,顺便看望那早已易主的王先生故居,在那里徘徊一阵,默默致意。

在《行过未名湖边》中,我提及自己在北大百年校庆期间写的一则短文,题为《即将消逝的风景》,其中有一段话颇为煽情:"没有长须飘拂的冯友兰,没有美学散步的宗白华,没有妙语连珠

---

[1] 陈平原:《行过未名湖边》,《中华读书报》2007年1月31日。

的吴组缃,没有口衔烟斗旁若无人的王瑶,未名湖肯定会显得寂寞多了。"[1]此文初刊《中华散文》1998年第5期,后收入各种集子,也是我传播较广的文章之一。

为何使用"风景"这个意象,因文中提及某年中秋,众弟子在王瑶先生家聚会,先生一时兴起,提议夜游未名湖。月光如水,幽静的湖面,不时传来年轻人的朗朗笑声。我于是引述明末张岱的《西湖七月半》以及现代诗人卞之琳的《断章》,称学识渊博且个性鲜明的老教授乃未名湖边靓丽的风景。我辈即便学业有成,也都不见得经得住学生们挑剔的审美的目光。

近日重读《王瑶先生纪念集》,看到赵园的《王瑶先生杂忆》和凌宇的《学魂》,都提及1988年庆祝北大校庆九十周年时,众弟子与王先生聚会的情景:"那一夜,他被一群门生弟子簇拥着,裹在环湖移行的人流里,走了一圈,兴犹未尽,又走了一圈。"[2]"节日的焰火将未名湖上空变成一幅幅五彩的织锦。我们一边走一边交谈,不知不觉绕湖走了一圈,先生却兴犹未尽。于是,我们陪着先生又走了一圈……"[3]。镜春园76号离未名湖只有一步之遥,王先生很喜欢在未名湖边散步,这个生活习惯,师母杜琇(蕴如)的回忆文章《无题》中有详细描述[4]。

未名湖边叼着烟斗悠闲散步,或骑着自行车在燕园里"横冲

---

[1] 陈平原:《读书的风景——大学生活之春花秋月》第43—50页,北京:北京大学出版社,2012年。
[2] 赵园:《王瑶先生杂忆》,《王瑶先生纪念集》第254页。
[3] 凌宇:《学魂》,《王瑶先生纪念集》第247页。
[4] 蕴如:《无题》,《王瑶先生纪念集》第323页。

在王瑶先生故居（2005年2月15日）

直撞"，还有镜春园客厅里的朗朗笑声，那只是王瑶先生几幅有趣的"剪影"，或者说日常生活及精神状态的某一侧面。我的师姐赵园曾提醒：你看到的，不是王瑶的全部，而是其"最佳状态"。我同意她的说法。从1984年9月到北大读博士，到1989年12月王先生仙逝于上海，满打满算，我与先生的实际接触不到五年半。更何况，晚年的王瑶先生因处境优越（特殊时期不算），心态放松，说话无所忌惮，那种兼及鲁迅精神与魏晋风度的思考与表达，着实迷人。

我陪王先生在未名湖边散步的机会并不多，更多的是在客厅

王瑶先生故居（2023年12月14日）

里听他高谈阔论。王先生对自己的睿智与隽语颇为自信，越是人多，他越有说话的欲望，且表述也更精彩。

镜春园76号是一个独立的四合院，门口有一对石狮，进门一个大院子，两棵高大的柏树，还有青翠的竹子，雪后或雨后，石板路滑，走路得小心翼翼。据说此院曾是黎元洪的别墅，现在则为北京大学教育基金会，我读书的时候，这个院子住了好几家，具体分割我说不清。王先生书房取名"竟日居"，那是把"镜春"两个字拆散来的，没听说有什么深意。我常进的是先生高大且气派的客厅。王得后的描写最为仔细，值得大段引述："王先生的客厅摆着一套明式红木家具：大书案，八仙桌椅，书柜。又一套商务印书馆出版的箱装四部丛刊。西墙上挂着三帧条幅：靖节先生画像和《归去来辞》全文；鲁迅《自嘲》诗手迹的水印木刻；沈尹默先生书赠的墨宝。客厅中央按凹字形放着一组沙发，沙发前是茶几，茶几前是一架彩电。"[1]

要说吸引目光，客厅中最显眼的还属存放在木函中的《四部丛刊》。这套张元济主持编辑、商务印书馆影印出版的大书，按《四库全书》的分类方法，编排成经史子集四部分，从1922年起到全面抗战爆发为止，先后推出了"初编""续编"和"三编"，共502种图书，分装成3100多册，乃治传统中国学问最重要的基本资料。据王先生自述，"我打算要好好埋头做一个中国古典文学方面的第一流的专家"，因此"在庆祝北京解放的那几天，我就把以前准备逃跑用的路费买了很多的古书"。[2] 这套皇皇巨著，也曾给五十年代初到访的程千帆留下深刻印象。[3] 可惜，目光远大的王瑶先生，在时代转折关头当机立断购买这套大书后，不久就转向了开拓中国现代文学研究，这套大书的命运，逐渐沦为豪华的装饰品。

大书案上，玻璃板下，压着王先生的诗稿手迹。我曾在《八十年代的王瑶先生》中提及此1980年的元旦赋诗，辨析此诗

---

[1] 王得后：《夕阳下的王瑶先生》，《王瑶和他的世界》第93页。
[2] 参见杜琇《王瑶年谱》，《王瑶先生纪念集》第449—450页。
[3] 参见程千帆《念昭琛》，《王瑶先生纪念集》第42页。

的写作背景,以及"表决心"的实际效果[1]:

> 叹老嗟卑非我事,桑榆映照亦成霞;
> 十年浩劫曷虚掷,四化宏图景可夸。
> 佳音频传前途好,险阻宁畏道路赊;
> 所期黾勉竭庸驽,不作空头文学家。

此诗见杜琇编《王瑶年谱》1980年则[2],我看的是手稿,就压在王先生书房的玻璃板下,相信很多人拜读过。吟此诗时,王先生才六十七岁,按理说精力尚可,确实也很想奋起,可实际效果并不太理想,我在文章中略为有所描述与辨析。

读师母杜琇的《无题》,我注意到此前二十二年,王先生也曾吟诗一首,同样是压在书桌玻璃板下:

> 白旗飘飘旌封定,不准革命阿Q愁;
> 缘有直肠爱臧否,岂无白眼看沉浮。
> 毁誉得失非所计,是非真伪殊难涂;
> 朝隐逐波聊自晦,跃进声中历春秋。[3]

---

[1] 参见陈平原《八十年代的王瑶先生》,初刊《文学评论》2014年第4期,见陈平原编《王瑶与现代中国学术》第275—293页,北京大学出版社,2017年。

[2] 载《王瑶文集》第七卷727页;《王瑶全集》第八卷385页,石家庄:河北教育出版社,2000年。

[3] 参见蕴如(杜琇)《王瑶年谱》,《王瑶全集》第八卷第378页。

那是因 1958 年"双反"运动中，王先生成了重点批判对象。此前《中国新文学史稿》因较多征引胡风理论而停止印行，此后其他著作也没能出版——谁能想到，这一停顿就是二十年！

王先生虽研究古典文学，也有不少诗歌方面的著述，但写旧体诗不是专长。两次历史转折关头的"述怀"，且都压在书桌玻璃板下，更多的是一种自我警醒。先是"不准革命阿Q愁"，后又"十年浩劫暑虚掷"，王瑶先生曾再三感叹，最好的年华都白白浪费了，等到可以大展宏图时，已力不从心。很多人表彰王先生成果卓著，只有熟悉的老友或身边的学生才知道他内心的痛苦、愤激与寂寞。

至于"文革"中的受难，朱德熙、严家炎、乐黛云、赵园的文章都有描述[1]，这里就不一一引述了。倒是吴小如晚年接受记者采访的一段话，值得留存与辨正："我和王瑶在'文革'中是患难之交。'文革'时我也是挨批的对象。他从大房子搬出来换小房子，大书柜没地方搁，存在我家，落实政策才搬走。中关园的房子过去中间有广场，广场上有个乒乓球台，批斗时就站在乒乓球台斗王瑶。他有糖尿病，老得上厕所。我家离广场近，他就老来我家上厕所。他有两次受不了要自杀，都是我劝住了。"[2]

王瑶先生 1952 年 10 月因院系调整从清华转到北大，先住中关园 262 号，1968 年 6 月被勒令迁出，搬往北大校外成府蒋家胡

---

[1] 参见《王瑶先生纪念集》第 12 页、98 页、144 页、252 页。
[2] 参见舒晋瑜《吴小如：我不喜欢凑热闹》，《中华读书报》2014 年 5 月 14 日。

同 9 号院的东房居住，1969 年 12 月转镜春园 76 号，这才有了晚年时常在未名湖边散步的机缘。见到过'文革'中王瑶先生狼狈不堪状态的师姐赵园，才会提醒我未名湖水虽浅，但并不等于从来静谧，或者"岁月晴好"。湖边飘过的，可能是风景，也可能是噩梦。

赵园说得没错，我只见到"最佳状态"的王瑶，但从《为人但有真性情》（1989），到《即将消逝的风景》（1998），再到《八十年代的王瑶先生》（2014），随着时间的推移、年岁的增长以及阅读的深入，我对王先生的了解与体贴，自信颇多推进——这也正应了本组文章的总题"风雨读师"。

大风大浪里闯荡过来的王先生，对政治特别敏感，也喜欢议论，朋友或弟子有说他是"并不搞政治的政治家"[1]，那有点过了。不在圈子里与漩涡中，没有内部信息，单靠读报猜测，再高明也只是隔靴搔痒。基于对中国国情的深入体察，王先生的警告是准确的[2]，但不等于是非得失的价值判断。别看他说话俏皮诙谐，但心里洞若观火，如何兼及理想与现实、高蹈与世俗、进取与迂回，先生掂量得很清楚。

去年 8 月，我那本怀想北大师友的《花开叶落中文系》由人民文学出版社增订再版，此书印制精美，唯一的缺憾是，第二页彩照的说明文字有误。题注称：1986 年 10 月王瑶先生在北大临湖

---

[1] 参见张恩和《往事如烟》，《王瑶先生纪念集》第 121 页。
[2] 参见乐黛云《一个冷隽的人　一个热忱的人》，《王瑶先生纪念集》第 144 页。

临湖轩合影（1986年10月王瑶先生在北大临湖轩接待日本及美国学者，前排左起唐作藩、竹内实、王瑶、丸山昇、王夫人、丸山夫人、伊藤夫人，后排左起孙玉石、李欧梵、耿明宏、张菊玲、黄子平、陈平原、杨鹤松、木山英雄、袁行霈、钱理群，伊藤虎丸先生拍摄；另一张布局相同，改由丸山先生拍摄，伊藤先生坐下）

轩接待日本及美国学者,前排左起唐作藩、竹内实、王瑶、丸山昇、王先生夫人杜琇、丸山先生夫人丸山まつ、伊藤先生夫人伊藤千代子;后排左起孙玉石、李欧梵、耿明宏、张菊玲、黄子平、陈平原、杨鹤松、木山英雄、袁行霈、钱理群(伊藤虎丸先生拍摄)。最后上版时,编辑临时起意,将括号中的"伊藤虎丸先生拍摄"删去,理由是全书保持统一,别的照片并没写拍摄者。可他不知道,我手中有两幅构图一模一样的照片,另一张乃丸山昇先生拍摄,伊藤先生坐在正中间。那年头,照相机不普及,除非重大活动,只能这么轮流拍摄。选刊照片时我很为难,最后采取加注这样的方式来解决。经我抗议并说明缘由,责编方才大梦初醒,说重印时一定添上。

为什么特别看重这帧照片,因其背后隐藏着惊心动魄的故事。1985年秋,钱理群、黄子平和我联名在《文学评论》上发表《论二十世纪中国文学》,而后在《读书》杂志连载六期《二十世纪中国文学三人谈》,在学界引起很大震动,有大声叫好的,也有上纲上线批判的。此冲击波甚至传递到国外,以至1986年10月,中国社会科学院举办"鲁迅与中外文化"国际学术讨论会期间,日本学者丸山昇、伊藤虎丸、木山英雄、竹内实以及美国学者李欧梵,专门要求到北大跟我们三人对话。那时人文学方面的国际交流尚未真正打开,北大没有多少经验,但又不好拒绝,于是通知王瑶先生出面主持,说是这样才镇得住。临湖轩是校方接待重要外宾的地方,一般不做学术讨论的场所,可见北大对此事的重视。因事先没接触,不知对方底细,加上那时的政治氛围阴晴不定,校方怕我们说话走火,提醒要多请教少辩解。没想到作为座谈会的主持人,王瑶先生一上来就说他不同意"二十世纪中国文学"这个概念,理由一二三四。接下来所有人的发言一边倒,全都为我们说好话。事后他很得意,说他早就料到是这个结局。既然老师已经在教训学生了,旁人怎么好意思再落井下石呢?这就是王先生由人生阅历而来的政治智慧[1]。

---

[1] 此事我在《遥望八十年代》(《文艺争鸣》2018年第12期)中也有讲述。

四、镜春园的笑声

（一）

1989年岁末，也就是王瑶先生去世半个月后，我撰写了《为人但有真性情——怀念王瑶师》，初刊《鲁迅研究月刊》1990年第1期，收入《王瑶先生纪念集》，其中有这么一段：

> 当年在广州念书，曾听过先生一次演讲，内容并没听清（先生山西口音很重），只是为先生那口衔烟斗怡然自得的神态以及那"莫明其妙"但确是发自肺腑的朗朗笑声所征服，就此决心北上求学。那时只有一个简单的想法，一个老学者，能于大庭广众中如此毫无顾忌地开怀大笑，足证其胸襟的坦荡以及充分的自信。[1]

其实，受王先生"发自肺腑的朗朗笑声"所征服、震撼、感染的，远不止我一个；日后读师友们的回忆文章，发现此笑声常被人提及。比如，1990年3月6日乐黛云撰《一个冷隽的人 一个热忱的人》，其中有："先生的音容笑貌，他那幽默的谈吐，富于穿透力的锋利的眼神，他那出自内心却总带几分反讽意味的笑声，

---

[1] 陈平原：《为人但有真性情——怀念王瑶师》，《王瑶先生纪念集》第274页。

他那冷隽的外表下深藏着的赤子的热忱……"[1] 1990 年早春赵园写《王瑶先生杂忆》："他无穷的机智，他惊人的敏锐，他的谐谑，他的似喘似咳的笑……"[2] 1990 年 7 月 2 日钱理群作《从麻木中挤出的回忆——王瑶师逝世一周年祭》，也有如此类似的说法："凡有机会与先生接触过的人，大概都为他那机智的谈锋，诙谐的语言，豁达的气度，潇洒的风姿，以及极有特色的，可以称之为'王瑶之笑'的笑声所吸引。这其实都是先生精神中'通脱'面的外在表现。"[3] 而最精细、最神奇的描述，还属王得后的《夕阳下的王瑶先生》，此文未署写作时间，初刊《收获》1994 年第 2 期：

> 在王先生家和王先生聊天，是一种享受，是一大乐趣，和听王先生讲演不一样。王先生有山西口音，讲演是愈讲愈快，愈讲愈快，几分钟后就憋住了，讲不出来，于是喀喀喀几声，自顾自啊哈哈哈哈放声大笑，听讲的多半没听懂，也就不跟着发笑。这并不影响王先生的情绪。他照样再来一次，再来一次，直到讲完为止。可王先生聊天，从容不迫，话并不难懂，说到痛快处，他笑，我们也笑，完全是"同声相应"。[4]

---

[1] 乐黛云：《一个冷隽的人 一个热忱的人》，《王瑶先生纪念集》第 146—147 页。

[2] 赵园：《王瑶先生杂忆》，《王瑶先生纪念集》第 255 页。

[3] 钱理群：《从麻木中挤出的回忆——王瑶师逝世一周年祭》，《王瑶和他的世界》第 164 页。

[4] 王得后：《夕阳下的王瑶先生》，《王瑶和他的世界》第 95 页。

如此极具个性的笑声，不同人有不同的解读。有强调"充分自信"，有凸显"反讽意味"，也有称"通脱"、说"痛快"的，但有一点，很可能让后人迷惑不解——为何听不懂他的话，而又被他的笑声所感染？

我那篇匆促草就但传播甚广的《为人但有真性情——怀念王瑶师》，就面临这样的质疑。你不是说听不懂他的讲座嘛，为何又说"先生的闲谈远胜于文章，不只因其心态潇洒言语幽默，更因为配合着先生的音容笑貌，自有一种独特的魅力"？这就说到公众演说与私下聊天的差异。王先生确实山西方音很重，但私下聊天，因语境熟悉，话题集中，加上口型与动作，其实是能听个八九不

《王瑶和他的世界》
（河北教育出版社 2000 年版）

离十的。更何况，接触多了，熟悉其思路与表达方式，日常交谈没有任何问题。只是在个别生疏的话题，或提及某人名、书名时，可能会卡壳。追问一句，确认无误，那就行了。当然，这说的是长期接触的亲友及学生，若第一次见面，交流确实有障碍。

（二）

也是在那篇《为人但有真性情——怀念王瑶师》中，我提及："八九年初，我和师兄钱理群商量好，拟了好些题目，想有意识地引先生长谈，录下先生的妙语和笑声，给自己也给后学留点记忆，我相信那绝不比先生传世的著作逊色。只可惜突然的变故，使得这一切都成了泡影。"

王先生去世后，才晓得这是多么大的损失。我们再也听不到那浓重的山西普通话了。于是，我到处打听，寻寻觅觅，希望哪一天能找到存留在天地间的王先生的声音。终于，老天不负有心人，记得是2004年初，原北大中文系副主任张剑福先生从香港友人那里得到一盘珍贵的录音带。

1986年3月1日，王瑶先生应香港中文大学新亚书院龚雪因基金会的邀请，赴港讲学一个月。期间王先生有几次演讲及专访，留下录音的是3月15日下午在香港中文大学会友楼接受老学生朱文扬及作家梅子专访。得到这盘弥足珍贵的90分钟磁带后，我请北大中文系研究生张毅听写，青年教师高远东校对，然后以《答客问——关于历史分期、"两个口号"等》为题,刊载在《现代中国》第六辑。在该辑编后中,我还专门推介此不太专业且略显芜杂的答问:"在正襟危坐的论文之外,建立'对话'栏目,容纳若干很有见地、但未必符合学院派脾性的'言谈',也算是有张有弛,相得益彰。作为文体的答问、对话、座谈、演讲等,不可能像专业论文那样精雕细刻,但其'逸笔草草',也自有其特殊魅力。就像这一辑所收王瑶先生1986年在香港答问的录音整理稿,便值得郑重推荐。"[1]

2004年12月23日,我在"王瑶先生诞辰九十周年学术座谈会"上发言,专门推介这段录音及整理稿[2];2014年5月,为纪念王瑶先生诞辰一百周年,我请人将录音带转为光盘,分赠王先生诸及门弟子。近期,我又将手头保存的光盘,捐赠给了中国现代文学馆,请他们将其数字化,以便于播放、保存与传播。

当初负责听写与校对的两位北大师生,张毅是榆次人,高远东是祁县人,这两个县与平遥临近,都属山西省晋中市。但据本地人说,三地口音其实相差还很大,只是语音词汇有不少相通处,还是能听懂的。

因是抱着崇敬的心情、研究的姿态,张、高二君反复听、认真写,落实在整理稿上便是直录。整篇答问,思路随时漂移,句

---

[1] 陈平原:《〈现代中国〉第六辑编后》,《现代中国》第六辑,北京:北京大学出版社,2005年10月;《〈现代中国〉第六辑编后》,《刊前刊后》第39—40页,北京:三联书店,2015年。

[2] 参见陈平原《听君一席话》,《中华读书报》2005年1月5日。

子半通不通,更接近于谈话的原始状态。比如谈论文艺政策那一段:"它有个一贯的东西,但是一贯的东西一个时候那个声音高了,一个时候那个声音微弱得听不见了……那别的声音刺耳,就这样一个调调,就是这么一些。你说他们没有一贯,它强调它的一贯性,也并不是,它也可以找到它的一贯性的理由,不过确实就像我们听短波无线电台一样,声音不像那个一个个调调,一会这个声音高得不得了,一个呢。这都是我私人聊天,我在班上不这样讲的。"几乎每个句子都残缺,仔细抠,问题多多,但现场交流通畅,双方都能意会,不会发生误解。

这里还得补充一个细节,香港专访的主要提问人朱文扬是北大中文系1964级大学生,当初在校读书时听过王先生的课,多年以后,依稀有印象,故还能够顺利对话。王先生去世后,朱文扬应邀撰写了《高楼目尽已黄昏——悼念王瑶先生》,介绍王先生在港一月的行程及学术活动,尤其着墨此次专访。[1]

(三)

为了今年五月的王瑶学术文献展,我告知第三届"名作欣赏杯"晋版图书书评大赛颁奖典礼暨"全民阅读大家谈"的组织者,请他们帮我协调探访王先生的故乡山西平遥县道备村。刚到太原,

---

[1] 参见朱文扬《高楼目尽已黄昏——悼念王瑶先生》,《王瑶先生纪念集》第218—223页。

接车的山西出版传媒集团总编辑孟绍勇便告知：王先生1982年在平遥县城做讲座，虽无录音，但有记录本存世。看我面对那不太清晰的记录稿影印本那么激动，孟君当即表示，可以帮我联系当年的记录者、时任平遥县委办公室秘书郭保旺。

早年读师母杜琇的《王瑶年表》，其中"1982年，69岁"项下有载："8月28日—9月1日，在山西太原参加中国作协山西分会主办的赵树理学术研讨会……9月4日，从太原到平遥，住县招待所，曾回道备村探望嫂子，由县人民政府同志陪同游双林寺……7日，在县招待所会议室为平遥县的文教工作者作了讲演。"[1] 此行有助教钱理群陪同，但他对于王先生有无讲稿印象模糊；估计是即兴演说，王先生本人也不在意，故没交代老钱代为整理。

从太原到道备村，小车走了一个多小时，在村子里转悠了两个小时，中午返回平遥城里吃饭，一路陪同的郭保旺先生取出珍藏多年的笔记本，让我观察及拍照。这是一本64开日记本，塑料套封，记录稿共23页。回家后仔细对照，整理本不全然是实录，而是有所增删与调整。记录者听得懂王先生的平遥话，且对王先生的专业有所了解，所以听写记录不成问题。但因没学过速记法，不能保证绝对准确。我们只能参照王先生此前此后的文章，还有平时讲话风格，判断此记录稿大致可靠。

---

[1] 参见《王瑶先生纪念集》第460—461页以及《王瑶全集》第八卷387—388页，后者文字略有差异，那是编委会增补及修正的。

在山西平遥道备村王瑶先生家

山西平遥道备村王瑶先生出生处

山西平遥道备村关帝庙（王瑶先生在此上小学）

在山西平遥郭家巷王瑶先生老宅

三十多年后，平遥当地的文史爱好者许中将其发掘并协助整理成文，刊登在平遥县文学艺术界联合会编印的《平遥文学》2017年第1期上，除了注明"郭保旺根据记录稿整理"的《王瑶先生回乡文教文学工作者座谈会讲演》，另有郭保旺《聆听教诲钦高洁》和许中《王瑶先生的回乡讲演》两则短文。

《平遥文学》属于内刊，流传不广，故王先生诸多弟子都不知道此演讲稿的存在。从最初获得复印的手抄本到整理好的电子版，再到原始的笔记本、刊载讲稿的《平遥文学》等，我大致厘清了从声音到文字、到刊本的全过程。加上1月5日探访道备村时，一路上与郭保旺聊天，以及午饭时与平遥文化人许中交谈，确认此记录稿的真实性，也了解了整理的全过程。

《现代中国》刊出的香港答问乃根据录音带整理，《平遥文学》上的平遥演讲则是根据现场记录整理，这是两种不同的声音转成文字方式，宗旨有别，效果自然也迥异。前者字字落实，力求保真，但句子不完整；后者双重转化，只记梗概，故文从字顺。某种意义上，可信的未必可爱，可爱的未必可信，真的是"此事古难全"。

（四）

据郭保旺介绍，现场听众近百人，乃县城各中学语文教师，加上文学爱好者。演讲主要涉及三个话题：一，关于学好普通话的问题；二，谈谈中学语文教学；三，关于业余文学创作，后面还回答了听众四个提问。我感兴趣的是第一个话题，也就是那个认定"语言改造比思想改造还难"的王瑶先生，如何看待自家特色很明显的平遥普通话：

> 我也很想改说普通话，但人家说，你讲的还是平遥话、平遥普通话。没办法，从小讲家乡话，改不了的。不过，讲普通话很重要，讲好普通话才便于交流，便于讲学，要大力推广普通话。

把"学好普通话"与"文学艺术是为人民大众服务的"直接挂钩，其实有些勉强。王先生深有体会的是，在外生活与教书，讲不好普通话确实很吃亏。比如，"我讲课时人家录了音，整理很困难，错处不少，我还得亲自校对，搞得很紧张"。而且，王先生也坦率承认，"我也下过功夫，想用普通话讲课"，可效果不好。最后，王先生不忘自我调侃"在平遥讲话，回到家乡了，可以肆无忌惮，思想上毫无负担"，这让他很高兴。

1982年的王瑶，名声正如日中天。从"文革"的阴霾中走出来，开始招收硕士研究生（1978），出任《中国现代文学研究丛刊》主编（1979），被推举为刚成立的中国现代文学研究会会长（1980），被国务院学位委员会聘为文学学科评议组成员（1981），因而有了1980年的元旦赋诗："叹老嗟卑非我事，桑榆映照亦成霞。"[1] 就在这重新焕发青春的 1982 年，时年六十九岁的王瑶先生衣锦还乡，不忘告诫同乡子弟，得学好普通话——不排除听众多为语文教师的缘故，但更重要的，恐怕还是走南闯北的经验与教训。

1987 年 5 月，王瑶先生为《清华十级（1934—1938—1988）纪念刊》作《自我介绍》，最后几句："惟乡音未改，出语多谐，时乘单车横冲直撞，似犹未失故态耳。"[2] 对此《自我介绍》，王先生明显很得意，我不只一次听他给客人讲解，说着说着，王先生自己都笑得喘不过气来。这固然是"出语多谐"的表现，可自得之中，恐也不无心酸。

王先生的演讲或谈话往往语速越来越快，讲到得意处，哈哈大笑，旁若无人。这表面上很放松，也很自信，但我以为，那是一种混合着自尊与自卑、自信与自谑的独特表现。晚年的王瑶，已然功成名就，演讲及谈话时自带光环，听众大都取仰视的态度，似乎听不懂不是演讲者的责任，而是我们听讲者的缺陷。等到跟家乡人谈话，王先生这才卸下盔甲，坦露心迹，自陈讲不好普通话是自己很大的遗憾。

浓重的山西口音，这既是王瑶先生明显的外在特征，也是其软肋。只不过骄傲的王先生，故意以自嘲的口吻轻松提及，你以为他不介意，不是的，我相信这是隐痛，只是要改也难。这才会在与同乡后进演讲时推心置腹，把这列为第一要务。

---

[1] 参见杜琇《王瑶年谱》1980 年则，《王瑶全集》第八卷 385 页。
[2] 王瑶：《自我介绍》，《王瑶全集》第八卷 103 页。

记得我在香港中文大学教书时,有一次与杨振宁先生同车,听他聊清华同学王瑶。为求准确,我翻查到2010年10月28日日记,那是个星期四,天气晴朗:"六点半演讲结束,乘学校派的车往大围的'一号云顶'接上杨振宁夫妇,一起赶往尖沙咀美丽华商场的香港老饭店,参加《二十一世纪》二十周年庆祝酒会。路上谈天,杨称1942年在西南联大念研究生,与王瑶先生同宿舍一年,只说过三句话;又询问王先生晚年境遇以及女儿动向,还有中国的人文学专业设置等。回来同车,杨又谈各种现实问题,头脑很清醒。"听说王瑶是我的博士指导教授,杨先生一点也不难堪,反而问我:他是不是表达有障碍?我的回答是:王先生思维敏捷,表达没有任何问题,只是你们两人的专业领域相差十万八千里,谈起学问,互相听不懂;再加上方言问题,王先生懒得闲聊天。

我没听王先生谈及与杨先生同宿舍一年,只是当年清华研究生数量很少(国立西南联合大学的本科生属于全校,研究生则北大、清华、南开三校各自招收),王、杨相互认识,且经常打照面,那在情理之中。在清华大学研究院念书的时间,杨先生是1942起,王先生则从1943年起,记忆中略有误差,这很正常。

我相信我的理解没错:1937年7月至1942年8月的中断学业,给王瑶先生造成很大的精神压力[1];昆明复学后,他憋着一口气,

---

[1] 参见王瑶《坷坎略记》,《王瑶文集》第七卷第434—439页;《王瑶全集》第七卷第201—207页。

专心读书，在校园里不是很活跃。直到1946年4月完成学业，且毕业论文《魏晋文学思想与文人生活》大获好评，王先生的自信与傲气才真正确立起来。这才有日后在清华园教书时的豪言："我相信我的文章是不朽的。"[1]

晚年的王瑶，对于家乡年轻一辈"能讲流利的普通话"很是羡慕，赞不绝口，我相信那是发自内心的。只是时过境迁，四十年后的今天，随着全国范围内普通话的成功推广，又有怀念乡音与方言的思潮涌起。那是另一个话题，只能暂时按下不表了。

---

[1] 参见季镇淮《回忆四十年代的王瑶学长》，《王瑶先生纪念集》第22页。

五、大树倒下后的回响

为纪念王瑶先生诞辰一百周年,我撰写了《八十年代的王瑶先生》,初刊《文学评论》2014年第4期,其中有这么一段:

> 我记得很清楚,王瑶先生去世时,钱理群冒出一句很沉痛的话:"大树倒了!"活跃在大转型的时代,替无数后辈学者遮风挡雨,这样令人尊敬与怀念的"大树",属于那个时代诸多目光如炬且敢于直言的老教授。[1]

这种"大树已倒"的感觉,不仅属于老钱和我这样的及门弟子,更属于很多同时代中国读书人。这里有王先生的个人魅力,更与那个特定年代的政治氛围密切相关。王先生1989年12月13日去世,将近一个月后,具体说是1990年1月10日夜间,央视新闻联播播出国务院总理李鹏的讲话:国务院决定第二天起解除在北京市部分地区的戒严。可想而知,当初到八宝山参加王瑶先生追悼会的诸位,心情大都十分压抑。很多人的触景生情、伤心落泪,包含非常复杂的感怀与思绪。

---

[1] 参见陈平原编《王瑶与现代中国学术》第286页。

虽然1989年12月29日《人民日报》以《著名文学史家王瑶追悼会在京举行》为题，报道了两天前的追悼仪式；而且追悼会当天晚上，央视的晚间新闻也有镜头播出，但官方与民间对"文学史家"王瑶的盖棺定论，其实是不太一样的。那种痛彻心扉的感受，首先来自"物伤其类"的王先生的老友及学生。

记得办过追悼会不久，为征集纪念文章，成立了由孙玉石、杨犁、樊骏、李福田、王得后、钱理群、吴福辉、陈平原组成的编辑小组，2月底发出征稿信，5月底截止，共收到海内外87人撰写的纪念诗文89篇。1990年8月，署名编辑小组编的《王瑶先生纪念集》由天津人民出版社推出。如此出版速度，加上令人敬畏的编辑策略（"对所有来稿原则上照登不误，以存其真"），乃是得益于李福田先生的鼎力支持。编辑小组成员，除了中国现代文学馆馆长（杨犁）、孙玉石等均为王先生弟子，为纪念集奔波责无旁贷；最值得敬佩的，还属李福田先生，作为天津人民出版社的资深编辑，他才是此书得以问世的主要推手。李先生不是社领导，但有学识，很仗义，敢作敢为。今天看来或许没什么，可在那个特殊年代，刊行这册"百感交集"的图书，是要承担很大风险的。十年前我撰《患难见真情——追记两种王瑶图书的刊行》，专门提及此事。深知此事内幕的王观泉随即发表《追忆李福田出版〈王瑶先生纪念集〉》，补充了若干惊心动魄的细节。[1]

---

[1] 参见陈平原《患难见真情——追记两种王瑶图书的刊行》，《中华读书报》2014年5月21日；王观泉《追忆李福田出版〈王瑶先生纪念集〉》，《中华读书报》2014年6月4日。

从征稿到出版,只有半年时间,如此仓促从事,一点不影响《王瑶先生纪念集》的质量。甚至可以说,这是迄今为止刊行的五种关于王瑶先生的纪念研究集子中,最值得追怀与推荐的。可惜的是,当初手忙脚乱,加上心绪欠佳,那么多名家的原稿,居然我只保留了吴组缃先生的《哭昭琛》和林庚先生的《怀念昭琛兄》,其他的都直接送出版社与印刷厂了。比如我十分敬重且熟悉的朱德熙、季镇淮、程千帆、唐弢、王元化、贾植芳、钱谷融等先生的大作,也都没能存留原稿。王先生逝世后,程千帆先生除为《王瑶先生纪念集》撰写《念昭琛》,还有两首"浣溪沙"因寄托遥深,在学界广泛流传。[1] 以至近日重读这本沉甸甸的大书,观赏吴先生、林先生的手稿,感叹良多。

从1990年天津人民出版社刊行《王瑶先生纪念集》起步,到1996年河南大学出版社的《先驱者的足迹——王瑶学术思想研究论文集》、2000年河北教育出版社的《王瑶和他的世界》、2014年北京大学出版社的《阅读王瑶》,再到2017年北京大学出版社的《王瑶与现代中国学术》,怀念的色彩越来越淡,将先生置于百年中国学术、思想、教育史上思考及反省的意味则越来越浓。

为便于读者理解大树倒后的回响,我略为介绍一下这五种纪念研究文集。

最先刊行的《王瑶先生纪念集》总共498页,其中近百页是

---

[1] 参见陈平原《古典学者的当代意识——追忆程千帆先生》,《东方文化》2001年第1期。

哭昭琛　　吴组缃

建国之初善映书
清华先后本同门
国文教学共开路
适时巨著辟创新
书刊广研日继暮
熟知博识古典今
每有所作恒中的

吴组缃《哭昭琛》手迹 1

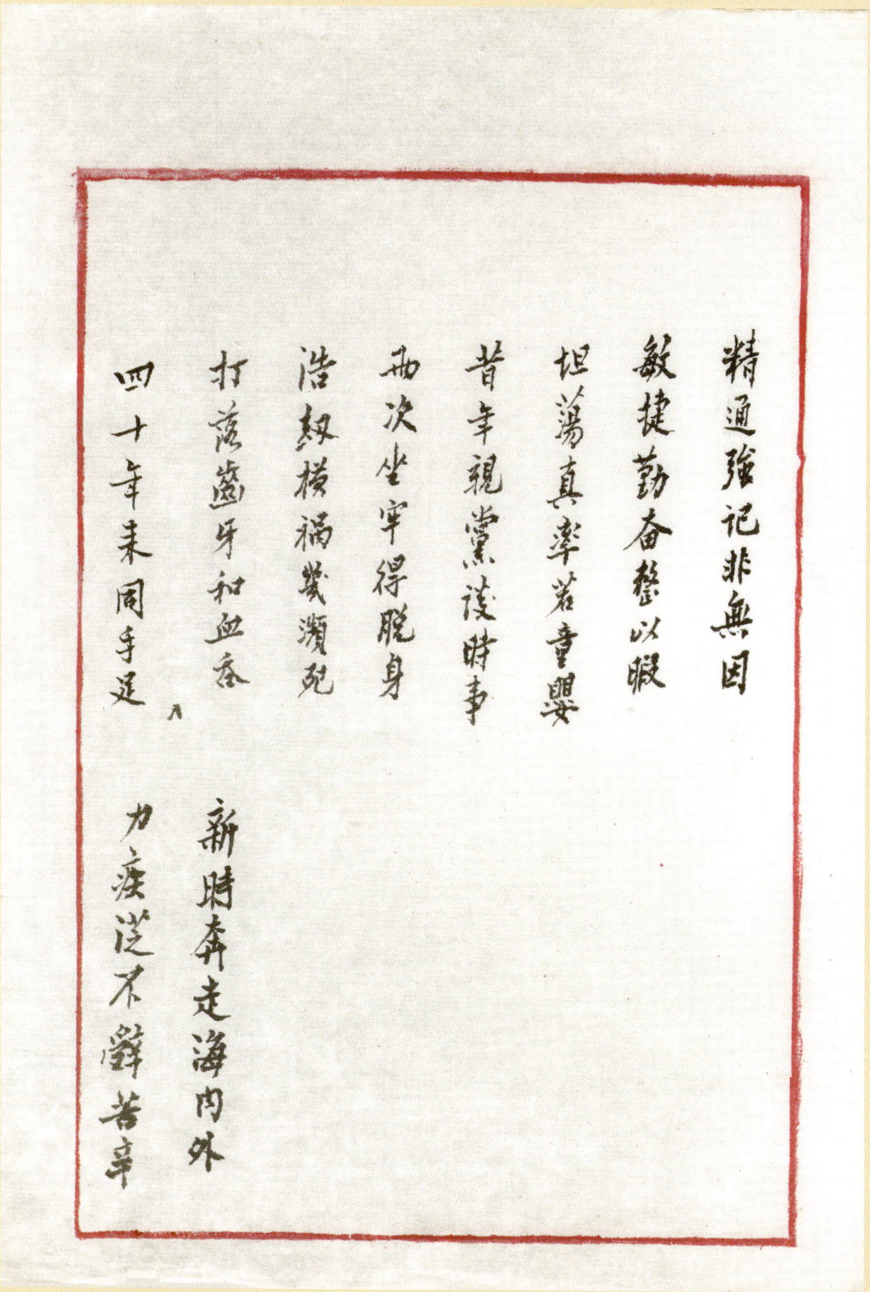

精通强记非无因
敏捷勤奋鏊以暇
坦荡真挚若童婴
昔年视党护时事
两次坐牢得脱身
浩劫横祸戕濒死
打落齿牙和血吞
四十年来同手足

新时奔走海内外
力疾涯不辍著书

相觑相敌更知心

噩耗忽傳摧肺脂

先我而去夢中尋

一九九〇年春

八篇专业论文；但毫无疑问，主体部分是怀念。当初的设想是，稍为喘口气，再开专业性强的学术研讨会，没想到一搁就是好几年。终于，乘着1994年5月2日—6日中国现代文学学会在西安召开第六届年会，又是王瑶先生诞辰八十周年，穿插一个"王瑶学术思想研讨会"，愿望总算实现了。此次年会以"现代文学研究15年的回顾与瞻望"为主题，继往开来的意味十分明显，且各专题报告水平很高（包括樊骏的主报告《我们的学科：已经不再年轻，正在走向成熟》），故常被学界提及。相对而言，这个穿插其间的研讨会关注得较少，幸亏有了1996年河南大学出版社的《先驱者的足迹——王瑶学术思想研究论文集》，才会被不断引述。这册321页的论文集，葛晓音等四文取自《王瑶先生纪念集》，另外孙玉石等十八篇新文，基本出自此次研讨会（严家炎的"代前言"则是研讨会的开幕词）。

研讨会在西安开，论文集由中国现代文学研究会和北京大学中文系合编，出版单位却是河南大学出版社，这就能理解为何该书《后记》特别感谢河南大学中文系刘增杰教授及河南大学出版社。须知早年出书很不容易，经费绝对是个大问题。《王瑶先生纪念集》的《编后记》有这么一句——"中国民主同盟中央、沈阳市电视台广告部为促成此书的出版慨然给予热情赞助"，那是因为，北大中文系毕业生、原辽宁大学中文系教授、时任沈阳市副市长的张毓茂为此书的出版筹措了经费[1]。今天觉得很容易办妥的

---

[1] 参见《王瑶先生纪念集》第497—498页；《先驱者的足迹——王瑶学术思想研究论文集》第321页。

怀念昭琛兄

我与昭琛兄共事近四十年。比年过古稀之后，在我们老年同事中，健康情况乃是最好的，不意竟先我等而去世。追忆宿昔，如在目前。他的博闻强识，勤奋过人，每日阅览各种书刊报纸多至数十份，令人叹服。他的健谈诙谐，出语惊人，也是超群的，虽然因此惹过一些麻烦，却也带来某种较难磨灭的养养。十年动乱中我曾与他同甘共苦，他所受的罪过远比一般人多的多，却能不动声色，一一度过，确实是善不容易的。记得文革之初，我们有几十人都令在十九楼前扫地，只有他是最能泰然安之的。当时外来贴大字报的人非常多，十九楼周围又是个中心，在拥挤的人群中要把那些碎纸、废叶、果皮等打扫一遍，左右为难，而昭琛却能指挥有余，如入无人之境。穿走在杂乱的脚下，毫不介意地一路打扫过去。他的这修修养也许正是他面对现实中长期锻炼成的结果。然而他在医药方面的缺乏知识，又实是超乎常人的。一九

林庚《怀念昭琛兄》手迹1

五七夏天我们一起到青岛去编文学史教材，同住在一家饭店里，一天他忽然对我说牙疼得要死，连饭也吃不下去了，我问他为什么不去就医？他好像压根儿不知道牙病是到什么地方找大夫治的，也不知道医院里还有牙科，以及有单独治牙的诊所等等。对于此类事情知识之贫乏，也许这正是昭琛之所以为昭琛。这方面的经验几乎没有。凡之人有所长，必有所短，没有深谷就没有高山。今天怀念昭琛兄，他在新文学史研究、鲁迅研究、古典文学研究上所取得的成就，为人所共见的。我谨追忆这一两件小事，以见往日的情谊。

林庚
1909年5月5日

事，当初则可能是无法绕开的拦路虎。

1999年12月是王先生去世十年祭，又恰逢河北教育出版社刊行八卷本《王瑶全集》，于是，孙玉石、钱理群、温儒敏和我合作，编选了《王瑶和他的世界》。该书2000年1月由河北教育出版社推出，总共538页，文章主要选自《王瑶先生纪念集》和《先驱者的足迹——王瑶学术思想研究论文集》，另外新增王得后的《夕阳下的王瑶先生》、钱理群的《从麻木中挤出的回忆》、孙玉石的《典范的意义与学术的坚守》、钱理群的《挣扎的意义》以及我的《大学者应有的素质》等五文。此书的制作效果不错，书前八页彩照尤其难得。《编后记》没署名，但一看就是钱理群的手笔："时间的流逝并没有将先生的足迹淹没，'王瑶的意义'已经成为现代思想、文化、学术史上的一个课题，引发了后来者的不断追念、思考与论说。"[1]

同样属于制作精美但原创性不太够的，是2014年5月北京大学出版社推出的孙玉石、钱理群编《阅读王瑶》，那是为了配合王先生百年纪念活动而制作的。全书430页，上辑"为人但有真性情"收文20篇，下辑"治学犹能通古今"收文9篇。不说删去的，就说新增的，上辑增加两篇：韦君宜《我的老同学王瑶》、陈徒手《文件中的王瑶》；下辑增加三篇：温儒敏《王瑶〈中国新文学史稿〉与现代文学学科的建立》、夏中义《清华薪火的百年明灭——谒王瑶书》、钱理群《我理解的王瑶传统》。单就学术水平

---

[1] 参见《王瑶和他的世界》第537页。

与阅读效果而言,当然是后出转精;但我还是特别感念前三种,尤其是《王瑶先生纪念集》的筚路蓝缕。

相对而言,学术性最强且对相关话题有明显推进的,是北京大学出版社 2017 年刊行的陈平原编《王瑶与现代中国学术》。该书分五辑,共 605 页,与前四书的内容不重复,多为新作,大半是为 2014 年 5 月 7 日在北京大学召开的"精神的魅力——王瑶与二十世纪中国学术"研讨会撰写的。我在会议的开场白中称:"王先生去世已经二十五年了,作为友人、弟子或后学,我们依旧怀念他,但落笔为文,基本上已经将其作为历史人物来看待、辨析与阐释。"[1] 原本想这是最后一次混合着情感、学识与志向的公开追怀了,可一天会议听下来,发言水平之高,出乎很多人的意料,师兄钱理群于是怂恿我再编一本纪念集。

考虑到 2014 年同时推出典藏版《中古文学史论》(北京大学出版社)、《阅读王瑶》(北京大学出版社)和《王瑶先生百年诞辰纪念论文集》(北京三联书店),我想还是稍为沉淀一下好。两年过去了,重读《中国现代文学研究丛刊》《文学评论》《北京大学学报》《现代中文学刊》《汉语言文学研究》等陆续发表的专业论文,以及《北京青年报》《中华读书报》《新京报》《书城》《山西文学》《映像》等刊出的散文随笔,我越来越有信心,于是向北大出版社申请,以"王瑶与现代中国学术"为题,再出新著。

随着时间的推移以及学术的进展,谈论作为历史人物的王瑶,

---

[1] 陈平原:《"学者百年"与"百年学者"》,《新京报》2014 年 5 月 7 日。

理所当然地逐渐转向学理化。在《王瑶与现代中国学术》的"小引"中,我大致介绍了编辑宗旨以及各辑内容,还提及若干因篇幅所限未能入集的文章。然后,着重推荐最后一辑,也就是王瑶先生"文革"期间的检讨以及子女的辨析。"小引"中这一段有点缠绕与沉重,还是大段引录为好:

北岳文艺出版社 1995 年版《王瑶文集》第七卷以及河北教育出版社 2000 年版《王瑶全集》第七卷,均收入根据手稿排印的《在思想改造运动中的自我检讨》和《在"文化大革命"中的检查》,这给研究当代中国知识分子命运的学者提供了很大方便,故颇受好评。可说实话,当初我是反对这么做的。理由是,编"全集"须顾及作者本人的意愿,这些检讨书更适合于放在档案馆里供学者查阅。考虑到当下中国,查阅档案不太方便,且家属愿意公布,我自然乐观其成。三年前,师母杜琇发来王瑶先生两份检讨书的手稿,希望帮助录入,一是写于 1967 年 3 月的《我的检查》,一是写于 1967 年 5 月的《关于我的"材料"的一些说明》。读完这两份长篇检讨,真是感慨万千,我忍不住在《中文系的使命与情怀——二十世纪五六十年代北大、台大、港中大的"文学教育"》(《清华大学学报》2014 年第 4 期)和《在政学、文史、古今之间——吴组缃、林庚、季镇淮、王瑶的治学路径及其得失》(《北京大学学报》2015 年第 3 期)中略为引述。这两份检讨书,内容很丰富，可供分析的东西很多，因没有得到授权，不好贸然公开发表或大段引用，感觉有点遗憾。编好这本《王瑶与现代中国学术》，抱着试试看的心态，我给远在英国的王先生女儿王超冰写信，询问能否授权刊发。没想到很快得到回复：不仅这两篇，还有别的检讨书手稿也可以提供。而且，她正在亲属的帮助下，利用这些手稿，撰写史学论文《父亲王瑶："文革"期间的一个案例》，只是还需要两个月的时间。我当即与北大出版社沟通，推迟发稿，就等超冰的文章及资料。我相信，这些资料及其考辨，不仅对于了解王瑶先生在"文革"中的命运，而且对于理解检讨书这一特殊文体，都会很有意义。[1]

文章最后提及："我从不怀疑作为个案的王瑶在现代中国思想史、学术史、教育史上的意义；只是随着时间的推移，评价尺度将日渐严苛，且视野将从一个人扩展到一个学科、一所大学乃至一个时代。这样一来，感情逐渐让位于理性，史著凸显，随笔淡出。本书之兼及怀念与研究，那只是一个过渡，相信下一代学者会有更专业且更深刻的论述。"[2]

以上预言是否真确，还有待观察。但我在北大讲过几轮"中国现代文学学科史"，发现最近一次学生们对学科奠基人王瑶先生重新恢复了兴趣；而近年几次有感而发，在各高校做题为"冷战

---

[1] 陈平原：《〈王瑶与现代中国学术〉小引》。
[2] 陈平原：《〈王瑶与现代中国学术〉小引》。

关于我的"材料"的一些说明

王瑶

我看到了今年四月廿八日中文系文革印发的关于我的反动言行的材料；经过对自己问题的严肃认真的思考和回忆，除了要作彻底的检查以外，为了能够更好地对我进行批判和帮助，就我回忆及省所及，我把那份材料中的一些与事实有所出入、或当时讲该时的情况、以及与我目前的认识还有相当差距的地方，在这裡作一些说明和澄清；希望能就此作进一步的调查，以便弄清事实，得出应有的结论。

一、关于我的简历与一般情况部分

1933年我在太原进山中学读书时，因为对班上的一个教员和部分同学有不同意见，曾引起争论；当时的校长蕡登现在据说仍在山西当医生，我和他既无任何私人关系，他也不能说是阎锡山的得力部下。当时全校并未展开学潮，我也没有被赶出学校。到暑假大考完毕以后，我是因为想要参加抗日同盟军才转学到张家口的。关于我被捕和叛变的经过，已经写过交代材料。

王瑶先生手迹1

我的檢查

我是一个资产阶级知识分子，解放后十七年来，虽然经过多次政治运动和党的耐心教育，但事实证明我在思想改造上收效极微，依然顽固地保持着自己的资产阶级世界观，而且随时都在表现出来。在目前进行的这场史无前例的以破私立公为根本精神的文化大革命中，把像我这样的人作为革命的对象，是完全合理的。我绝不作旧世界的殉葬者，我愿和革命群众一道狠批我的一切错误言行，彻底洗心革面，重新作人。现在我把解放以来我所犯的严重错误，分为了方面概述如下，希望大家继续揭发和批判，帮助我破旧立新。

（一）关于我对历次政治运动的态度

解放时我还是一个讲师，还没有爬到社会的上层，长期当中学教员和大学助教，生活也过得相当苦，因此我是热烈地迎接了解放的。但我并没有把改造思想当作前要任务，反而

背景下的文学史建构——以王瑶、普实克、夏志清为中心"的专题演讲，也都有很好的反馈。或许，曾经屹立在现代中国学界的这棵大树，虽然二十多年前就已倒下，但其巨大的背影以及遥远的回响依旧值得我们重视。

六、著作重刊与全集编纂

在王瑶先生去世后的众多纪念、研讨活动中,规模最大、成绩最佳的当属 2014 年 5 月 7 日在北京大学召开的"精神的魅力——王瑶与二十世纪中国学术"研讨会。会议发言,除了孙玉石、姜涛的文章单刊,其余的根据录音整理而成 6 万多字的《精神的魅力——在 2014 年 5 月 7 日北京大学"王瑶与 20 世纪中国学术"研讨会上的发言》,初刊《现代中文学刊》2014 年第 3 期,收入北京大学出版社 2017 年版《王瑶与现代中国学术》。

我在研讨会上的"开场白",题为《"学者百年"与"百年学者"》,其中有这么一段:

> 随着时间的推移,我们之谈论王瑶先生,怀念的色彩越来越淡,思考及反省的意味越来越浓。无论看人还是看事,站得远有站得远的好处,就像唐人王维《山水论》说的,"远人无目,远树无枝",不再拘泥于细节,要的是"大势",借此判断是否"特立独行"或"气韵生动"。因此,相对忽略某书某文的得与失,更加关注其跌宕起伏、五彩斑斓的一生,理解他的得意与张扬,也明白他的尴尬

与失落。[1]

这就回到了大会的主旨：如何将学者百年诞辰的纪念活动，转变成百年中国学术史、思想史、教育史的思考，并由此获得前进的方向感与原动力。

倘若引入学术史的视野，我们可以看得很清楚，随着时间的流逝，作者的身影越来越模糊，而好书的魅力，则很可能穿越时空，被后人永远记忆。这里就想从王瑶先生去世后著作重刊以及全集编纂的角度，谈论今天的中国学界是如何接纳其学术视野与学术事业的。说到底，人文学者不同于政治人物或商业奇才，还是以著作为立身之本，也以著作为留存人世间的最大的精神遗产。

首先开列王瑶先生在世时刊行的著作[2]，除非改变出版社或有重大修订，否则只列初版；记录各书的页数，目的是让人一目了然该书的篇幅：

1.《中古文学思想》，上海：棠棣出版社，1951年，194页。
2.《中古文人生活》，上海：棠棣出版社，1951年，134页。
3.《中古文学风貌》，上海：棠棣出版社，1951年，167页。
4.《中国新文学史稿》上册，北京：开明书店，1951年，310页。
5.《鲁迅与中国文学》，上海：平明出版社，1952年，181页；

---

[1] 陈平原：《"学者百年"与"百年学者"》，《新京报》2014年5月7日及《映像》2014年第6期。
[2] 参见《王瑶著作目录》，《王瑶全集》第八卷第461—474页。

在"精神的魅力——王瑶与二十世纪中国学术"研讨会上发言(2014年5月7日)

"精神的魅力——王瑶与二十世纪中国学术"研讨会现场

西安：陕西人民出版社，1982年，148页。

6.《中国新文学史稿》下册，上海：新文艺出版社，1953年，543页（全书日译本，实藤惠秀、千田九一、中岛晋、佐野龙马译，东京：河出书房，1955年10月—1956年4月，第一册208页，第二册249页，第三册273页，第四册340页，第五册266页）。

7.《中国文学论丛》，上海：平明出版社，1953年，202页。

8.《李白》，上海：华东人民出版社，1954年，126页；上海人民出版社，1979年，116页（日译本，吉田惠译，京都：三一书房，1957年8月，325页）。

9.《关于中国古典文学问题》，上海：上海古典文学出版社，1956年，169页。

10.《中国诗歌发展讲话》，北京：中国青年出版社，1956年，146页；[修订版]中国青年出版社，1982年，155页。

11.《陶渊明集》，（东晋）陶渊明著，王瑶编注，北京：作家出版社，1956年，164页；北京：人民文学出版社，1957年，164页。

12.《中古文学史论集》，上海：古典文学出版社，1956年，196页；上海古籍出版社，1982年，207页。

13.《中国新文学史稿》修订版，上海：上海文艺出版社，1982年，上下册共784页。

14.《鲁迅作品论集》，北京：人民文学出版社，1984年，415页。

15.《中古文学史论》，北京：北京大学出版社，1986年，314页。

16.《中国现代文学研究：历史与现状》，王瑶等著，北京：

中国社会科学出版社，1989年，527页。

另外，1972年香港富埌书房据1957年中国青年出版社版印行《中国诗歌发展讲话》；1972年香港波文书局据1953年新文艺出版社版印行《中国新文学史稿》，附录"批判王瑶及《中国新文学史稿》专辑"；1986年台湾长安出版社将棠棣版三册合为《中古文学史论》，因特殊年代没有获得作者授权，只是记录于此。

王瑶先生去世后出版的著作，按出版时间排列，包括旧著重刊、新编文集等，其中《润华集》《中国文学纵横谈》二书乃先生亲自编定。

1.《中国现代文学及〈野草〉〈故事新编〉的争鸣》，王瑶、李何林著，上海：知识出版社，1990年，182页。

2.《中国の文人："竹林の七賢"とその時代》，王瑶著，石川忠久、松冈荣志译，东京：大修馆书店，1991年11月，300页。

3.《润华集》，北京：中国社会科学出版社，1992年，259页。

4.《中国文学纵横谈》，台北：大安出版社，1993年，284页。

5.《王瑶文集》，太原：北岳文艺出版社，1995年，共七卷。

6.《中国文学研究现代化进程》，王瑶主编，北京：北京大学出版社，1996年，614页；2005年重排版，550页。

7.《中国现代文学史论集》（王瑶著作系列），北京：北京大学出版社，1998年，432页；2008年重排版，361页。

8.《中古文学史论》（王瑶著作系列），北京：北京大学出版社，1998 年，445 页；2008 年重排版，312 页。

9.《王瑶全集》，石家庄：河北教育出版社，2000 年，共八卷。

10.《中国文学：古代与现代》（王瑶著作系列），北京：北京大学出版社，2008 年，453 页。

11.《中国诗歌发展讲话》（附《李白》），南京：江苏文艺出版社，2008 年，260 页。

12.《王瑶文论选》，陈平原编选，北京：人民文学出版社，2009 年，396 页。

13.《王瑶文选》，孙玉石编选，北京：北京大学出版社，2010 年，287 页。

14.《中古文学史论》（中华现代学术名著丛书），北京：商务印书馆，2011 年，390 页。

15.《李白》，北京：三联书店，2013 年，144 页。

16.《中古文学史论》典藏版，北京：北京大学出版社，2014 年，361 页。

17.《中古文学史论》（山西文华·著述编），太原：北岳文艺出版社，2015 年，301 页。

18.《中国新文学史稿》上下册（山西文华·著述编），太原：北岳文艺出版社，2015 年，641 页。

先说一本王瑶先生亲自编定、但从未单刊的图书，再谈与我相关的四种图书的编辑出版，以及两部文集的编纂。

据师母杜琇撰《王瑶年谱》，1989 年 7、8 月间，王先生在烟台休养期间编定《中国现代文学史论集》并撰写后记[1]。此作者自编的《中国现代文学史论集》与北京大学出版社1998年推出的"王瑶著作系列"之一《中国现代文学史论集》，不是同一本书。后者乃孙玉石先生所编，属于论文精选集；前者则是王先生除《鲁迅与中国文学》《鲁迅作品论集》和《润华集》之外的"所有关于中国现代文学研究的论文"，"除少数几篇是'文革'前的旧作外，绝大多数都是近十年间的产物"[2]。王先生自编的《中国现代文学史论集》从未单独刊行，只是作为北岳文艺版《王瑶文集》第五卷以及河北教育版《王瑶全集》第五卷传世。

1998年北京大学出版社推出"王瑶著作系列"，包括孙玉石先生作序的《中国现代文学史论集》，以及我撰写跋语的《中古文学史论》。前者腾挪空间很大，孙老师工作态度又极为认真，故出版后大受赞许；后者本来就是完整的著作，为重刊而增加了四篇附录，反而显得累赘，故第二版又将附录删去。至于我那略有发挥的"跋语"，当初以《中古文学研究的魅力——关于〈中古文学史论〉》为题，收入拙著《文学史的形成与建构》[3]，后并入《念王瑶先生》，作为该长文的第三节[4]。

这一古一今两选集，出版后反应都不错——毕竟不是每个人

---

[1] 参见杜琇撰《王瑶年谱》，《王瑶全集》第八卷396页。
[2] 参见王瑶《〈中国现代文学史论集〉后记》，《王瑶全集》第五卷660页。
[3] 陈平原：《文学史的形成与建构》，南宁：广西教育出版社，1999年。
[4] 参见陈平原《当年游侠人——现代中国的文人与学者》第359—366页，北京：三联书店，2020年。

《中国现代文学史论集》
(北京大学出版社 1998 年版)

都有阅读全集的愿望与能力。可我还是觉得不够,乘着北大社准备重印此二书,建议增加兼及古今的第三种选本。这就是北京大学出版社 2008 年版《中国文学:古代与现代》。该书的"编后"中,我除说明编辑体例及宗旨,更突出书名的确定:

> 十几年前,我曾在文章中提及,先生晚年为台湾的大安出版社编过一部自选集,题目就叫《从古典到现代》,拟收入他在古典文学和现代文学两个研究领域的若干论文。只可惜后来书局出于销售考虑,未采用这个书名。"表

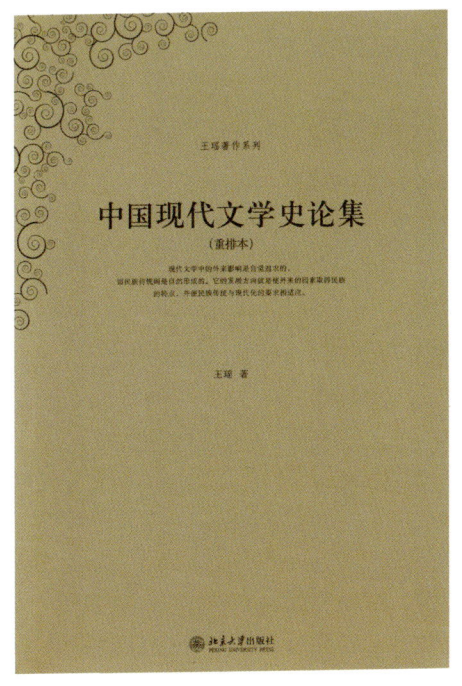

《中国现代文学史论集》重排本
（北京大学出版社 2008 年版）

面上兼收两个研究领域的论文，有点紊乱；可这正是先生一生的学术追求及长处所在。这主要还不是指研究范围，而是指学术眼光：以现代观念诠释古典诗文，故显得'新'；以古典修养评论现代文学，故显得'厚'。求新而不流于矜奇，求厚而不流于迂阔，这点很不容易。"（参见本书附录《念王瑶先生》）当初写文章全凭记忆，后来发现王瑶先生给大安出版社的书札，原稿上写得清清楚楚，初拟的书名是《中国文学：古代与现代》。这回北大新书采用了先生自拟的书名，既是为了表达对逝者的敬意，也是有

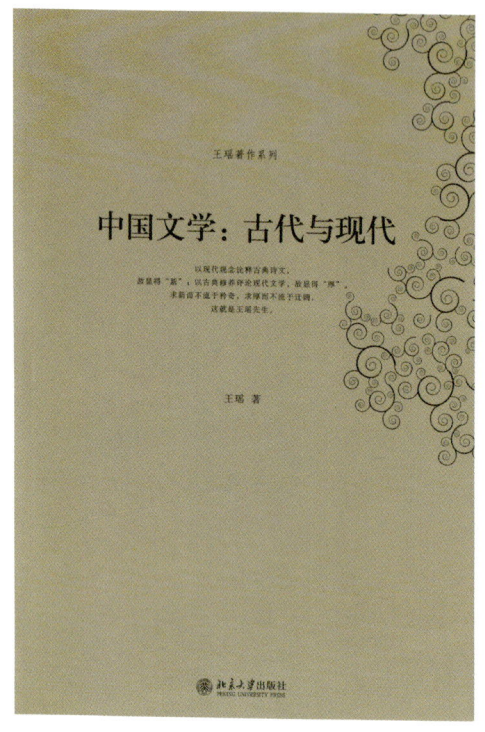

《中国文学:古代与现代》
(北京大学出版社 2008 年版)

意凸显王瑶先生的治学路径。[1]

至于为中国出版集团主持的"中国文库"编选《王瑶文论选》,虽规格很高,其实有点勉强。考虑到"文论"非王先生所

---

[1] 陈平原:《〈中国文学:古代与现代〉编后》,王瑶:《中国文学:古代与现代》第 452—453 页,北京:北京大学出版社,2008 年。"编后"中提及"《王瑶教授谈发展学术的两个问题》并非正式文章,可涉及其'衰年变法',不能不收",可实际上并没有收录。那是因为,成书最后阶段,师兄钱理群来信,称此乃提纲,"太简单了,可又涉及先生晚年的重要学术思想与追求,因此,我建议还是附录你的说明与阐释文章"。

长,我还是立足"文学史家",且往思想史眺望。下面这段话,我以为是站得住的:"作为'中国现代文学'这门学科的开创者之一,王瑶先生对中国古典文学同样有精湛的研究,同时,他又是一位思想独立的知识者、桃李满天下的大学教师,我相信,他能经得起时间的淘洗。"至于编书的因缘与感受,文章开宗明义:"先生病危时,我正患感冒,没能赶去服侍左右,此事一直让我耿耿于怀。先生去世十周年时,我曾模仿先生的《念朱自清先生》,将历年所撰五文,略加修订,连缀成《念王瑶先生》。春华秋实,又是一个十年。借人民文学出版社邀约编选《王瑶文论集》之机,重温先生著作,实在是一种难得的体验。"[1]

为纪念王先生诞辰百年,我和师兄师姐商议,选择最能代表王瑶先生的眼光、学养、才情与学术个性的《中古文学史论》,请天津师范大学高恒文教授与我合作,重新校订,交北大出版社制作精美的典藏版,希望能诱发公众阅读、对话、收藏的热情。关于该书的编辑体例及工作思路,我以《书比人长寿——典藏版〈中古文学史论〉小引》为题,刊2014年5月7日《中华读书报》,也收入典藏版《中古文学史论》(北京大学出版社,2014年),这里就不赘了。

在出版业很不景气的二十世纪九十年代,北岳文艺出版社和河北教育出版社先后为王先生推出七卷本文集和八卷本全集,实在很不容易,如此隆情高谊,我等永远感怀于心。在《患难见真

---

[1] 陈平原:《〈王瑶文论选〉编后记》,《王瑶文论选》第395页,北京:人民文学出版社,2009年。

情——追记两种王瑶图书的刊行》中,我特别提及原山西作协《批评家》主编董大中和原山西晋中行署专员孙庚午如何帮助筹集出版经费:"弟子为老师编文集,那是天经地义,没什么好说的;倒是董先生、孙先生为出版乡贤著作'两肋插刀',让我铭感在心。"[1]关于此事的来龙去脉,谢泳的追忆不太准确,师母杜琇作为当事人做了很好的补正。[2]

受各种主客观条件的限制,北岳文艺版《王瑶文集》的编校很不理想,获悉我们的抱怨后,目光远大的河北教育出版社王亚民社长建议重编全集,全部经费由他们承担。全集第一卷上有"出版说明",明确记载编辑小组由孙玉石等十一人组成,陈平原编第一卷,钱理群编第二卷,温儒敏编第三卷,吴福辉编第四卷,钱理群编第五卷,王得后编第六卷,钱理群编第七卷,最吃重的第八卷由孙玉石、王得后、樊骏担纲。其实,促成文集及全集刊行的,还有一个重要人物,那便是师母杜琇——除了对各位编者充分信任,尽最大可能提供各种相关资料,更贡献了至关重要的《王瑶年谱》,以及王先生论著目录的初稿。

具体的编辑事务不必细说,值得一提的是,反而是收不收王先生不同时期检讨书的争议。从二十世纪五十年代起,王瑶先生就不断写检讨,而且大都存底,免得下回说得不一样,会被穷追猛打。那一大堆检讨书,毫无疑问是被迫写的,可它记载了时代

---

[1] 陈平原:《患难见真情——追记两种王瑶图书的刊行》。
[2] 参见谢泳《〈王瑶文集〉出版旧事一则》,《中华读书报》2014年5月14日;杜琇《和谢泳先生商榷》,《中华读书报》2014年12月10日。

风云，以及那代学者特殊的心路历程，作为研究者，我们不能不重视。问题在于，这些检讨书要不要进入《王瑶文集》或《王瑶全集》，我和师兄钱理群意见不一。争论的结果是老钱获胜，因大部分编委赞同他。老钱批评我将检讨书放在档案馆或图书馆供专业研究者查阅，这种设想不适合中国国情。只有公开刊印，才可能传世，后代才能理解二十世纪中国知识分子的精神历程。从这个角度看，即使略为违背先生的意愿，也是值得做的[1]。

为纪念王瑶先生诞辰110周年，北大出版社和河北教育社同意重刊"王瑶著作系列"三种以及《王瑶全集》，这让我大受鼓舞。所谓"书比人长寿"，再次得到明确的印证！

---

[1] 参见陈平原《"未刊稿"及其他》，《中国现代文学研究丛刊》2004年3期；《手稿研究的视野、方法及策略》，香港《中国文学学报》第十一期，2021年6月。

七、薪火如何相传

1989年8月,也就是去世前四个月,王瑶先生在烟台休假期间编定了《中国现代文学史论集》,并撰写了后记。后记除了介绍本书内容及编辑体例,再就是重提"文学史的研究对象虽然是文学,但它也是属于历史科学的一个部门",故文学史家的学术趣味与研究方法不同于文学理论家[1]。下面这段话特别值得我们品味,那就是推荐第六辑所收的《念朱自清先生》与《念闻一多先生》:

> 在全书中,自以为这两篇是最值得向读者推荐的。因为作者与朱自清、闻一多两先生的确有十年以上相处的历史,特别在抗战期间的昆明乡下,工作和食宿都在一处,因此下笔时就不能没有感情色彩;虽然具体的论述未必精审得当,但毕竟有亲承音旨的感性认识,因此自以为是可以供后来者参考的。[2]

---

[1] 此文乃王瑶先生的"绝笔",综合此前的很多说法,带有自我总结性质;钱理群在《王瑶先生文学史理论、方法描述》(收入《王瑶先生纪念集》)中曾详加阐释。

[2] 王瑶:《〈中国现代文学史论集〉后记》,《王瑶全集》第五卷第661—662页。

二十多年前，我将多篇谈论王瑶先生的短文集合成《念王瑶先生》，在第一节"文章缘起"中，称王先生的《念朱自清先生》是其"生平著述中最为神定气足的'好文章'之一"[1]，因其兼及学问表彰、生活观察、性情描述，乃至某种充溢着情感的驰想与揣摩。

约略与此同时，我为《现代中国》创刊号撰写"编后"，特别提及："我以为，纯粹的技术操作并非理想的学术状态。尤其是谈论二十世纪中国的社会、生活、思想、学术、文学、教育等，今人的长处，正在于其与那段刚刚逝去的历史有着千丝万缕的联系，故容易'体贴入微'。"[2] 所谓"体贴入微"，也是这个意思，注重考据，但并不就事论事，而是放在更大的视野中观察，而且希望能洞幽烛微，联通学术史与思想史。

在此意义上，我们来谈论王瑶先生的贡献，方才是能见其大。在刚刚完成的《王瑶画传》的"绪言"部分，我如此开篇：

> 从清华园里激扬文字，到西南联大专研中古文学，再到日后任教清华、北大，先后出版《中古文学史论》《中国新文学史稿》《鲁迅作品论集》等名著，王瑶先生（字昭琛，1914—1989）走过了不平凡的一生——最初的设想是"要在中国古典文学的研究方面成一个第一流的学者"，后因机缘凑合，竟成为中国现代文学学科的奠基人；晚年

---

[1] 陈平原：《念王瑶先生》，《当年游侠人——现代中国的文人与学者》第348页。

[2] 陈平原：《〈现代中国〉第一辑编后》，《刊前刊后》第17页。

更因学术敏感,在培育英才的同时,开拓了学术史研究的新视野。除了学术贡献,王瑶更因其独特的思想探索、隽永的表达方式以及跌宕起伏的命运,成为现代中国知识分子的典型,备受研究者关注。

有学问,但并不囿于学术;有理想,但不一定能落实;有探索,但不见得很成功——王瑶的道路,在二十世纪中国极具代表性。作为学者的贡献,作为教授的功业,以及作为知识者的命运,三者有时统一,有时叠加,有时则南辕北辙。也曾"大鹏一日同风起",也曾"零落成泥碾作尘",晚年则是"也无风雨也无晴",这里主要是时代的因素,但也与个人的天赋、才学与秉性相关,故其所有的振奋、彷徨与挣扎,都值得后来者仔细品味与思考。这才能理解为何 2014 年 5 月 7 日北京大学举行王瑶先生百年纪念研讨会,题目竟如此宏大:"精神的魅力——王瑶与 20 世纪中国学术"。

几年前,我为北大出版社《王瑶与现代中国学术》撰写"小引",特别提及:"我从不怀疑作为个案的王瑶在现代中国思想史、学术史、教育史上的意义;只是随着时间的推移,评价尺度将日渐严苛,且视野将从一个人扩展到一个学科、一所大学乃至一个时代。"[1] 实际上,学界已有不少此类著述,比如夏中义、刘锋杰撰《从王瑶到王元化》(广西师范大学出版社,2005 年)、陈徒手著

---

[1] 陈平原:《〈王瑶与现代中国学术〉小引》。

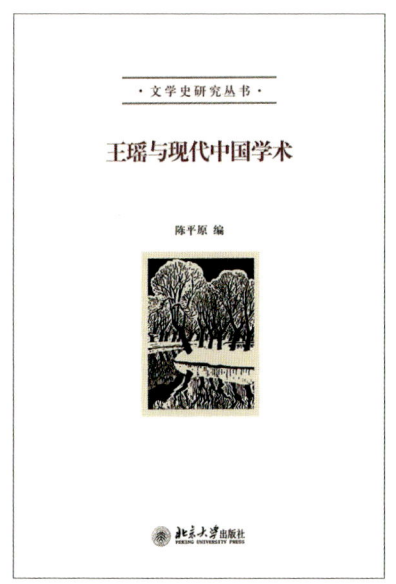

《王瑶与现代中国学术》
（北京大学出版社 2017 年版）

《故国人民有所思》（北京三联书店，2013 年）等，都是将王瑶作为典型案例，来谈论现代中国知识分子的命运，以及现代中国学术的兴衰。

作为及门弟子，我谈王瑶先生，好处是接触多故了解深，若说陷阱，则很可能是"为尊者讳"。王先生当年指导我们做"近代以来学者对中国文学研究的贡献"课题时，特别提醒我们"需要明确史家的立场"：

尽管撰稿者中不少是研究对象的学生或私淑弟子，但不想为尊者、贤者讳，更不想写成怀念文章。要正视这百年学术发展中的缺陷，也要正视学者性格中的缺陷。[1]

话是这么说，可在严于师生之分的中国，要弟子毫不留情地举起犀利的解剖刀，很难操作。据王瑶先生的早期助教裴斐追忆，王先生曾坦承："我这个人有些旧观念"，"难道朱先生就没有可以议论之处吗？可我至今决不说朱先生半个不字"。[2] 此种"旧派作风"，我是接受的——当然也承认其局限性。我的立场是：着重发扬光大，但不说过头话，尤其不能把黑的说成白的。至于有些过分难堪的地方，因无关论述的大局，尽可不必亲自去发掘。其实，王先生谈论朱自清、闻一多先生的文章，也都是采取这种策略。

作为曾经追随的后来者，我的任务是保证"薪火相传"。这方面可做的工作很多，包括编集子[3]、写文章、开研讨会、讲专题课等，但最最关键的，还是你自身的学问必须跟上。

三年前，在北大人文社会科学研究院召开的"中国现代学术的精神、制度与文体——陈平原'学术史三部曲'研读会"上，我做主旨发言，谈及"我之所以进入学术史研究领域，有九十年代初政治、社会、文化转型的刺激，但最初其实是缘于王瑶先生指派的

---

[1] 陈平原：《念王瑶先生》，《当年游侠人——现代中国的文人与学者》第372页。

[2] 参见裴斐《点滴忆恩师》，《王瑶先生纪念集》第152页。

[3] "弟子及后学为某位师长出版纪念论文集，目的是体现学术上的薪火相传，用心良好，用意甚佳。这种做法，最近十几年方才逐渐被中国学界及出版界所接受。"参见陈平原：《〈王瑶先生百年诞辰纪念论文集〉小引》，温儒敏、陈平原编：《王瑶先生百年诞辰纪念论文集》，北京：三联书店，2014年。

任务"[1]。当初王先生遽然去世，其主持的"近代以来学者对中国文学研究的贡献"课题尚未完成，为实现其遗愿，我硬着头皮顶上，最终在诸位合作者的共同努力下，得以推出北京大学出版社1996年版《中国文学研究现代化进程》[2]。书名是王先生定的，因主编过早去世，缺失一锤定音的长篇导论，再加上我那时年轻，资历太浅，催促有功而统稿无力，全书质量差强人意[3]。而由此开启的现代中国学术史研究热潮，却很能体现王先生学术上的前瞻性。

去年9月22日，在北大文研院组织的"传承"讲述活动中，我讲述了"我的北大学缘"，其中说道："事后想想，作为目光远大的导师，除了引领入门，指引方向，扶上马再送一程，再就是预留一两个很有发展前景的好题目，让学生延续自己的学术思路，完成自己因各种原因而未能达成的使命，也让弟子日后获得纵横驰骋的广阔天地，进而走出导师的福荫，也摆脱影响的焦虑。在这个意义上，所谓'薪火相传'，才是确凿无疑的。"

记得1984年初夏，我来燕园参加博士生面试，王瑶先生亲自主持，试题中有一道：鲁迅说"中国根柢全在道教……以此读史，有多种问题可迎刃而解"，你怎么看？这道题我答得不错，王先生

---

[1] 参见陈平原《与时代同行的学术史研究》，《探索与争鸣》2020年第12期。所谓我的"学术史三部曲"，指《中国现代学术之建立》《作为学科的文学史》《现代中国述学文体》。
[2] 参见陈平原《〈中国文学研究现代化进程〉小引》。
[3] 在《中国文学研究现代化进程二编》的"后记"中，我谈及这个问题，参见陈平原主编《中国文学研究现代化进程二编》第505—508页，北京：北京大学出版社，2002年。

讲述"我的北大学缘"(2023年9月22日)

很满意。[1] 而后，王先生又要我谈对近年中国古典文学研究进展的看法（这个忘记是在面试的现场还是回到客厅），后来才知道，他九月起要到日本讲学，正在思考这个问题。大概我的回答颇让他感到意外，报考现代文学博士，但对古典文学也有兴趣，这很对他的胃口，以至日后跟别人谈论我时，有些不切实际的表彰与期许。[2] 1951 年，在知识分子思想改造运动中，王瑶先生曾做自我检讨，说自己"埋头读古书"，不怎么认真学习马列主义，追求的目标是"在中国古典文学的研究方面做一个第一流的专家"[3]。这虽是特殊处境下的检讨书，但我相信代表了他的真实想法。

因此，王瑶先生虽然以《中国新文学史稿》而成一代宗师，但他本人似乎更欣赏自己的成名作《中古文学史论》。这一点，身边的弟子看得很清楚。以至筹划王瑶先生百年诞辰纪念活动时，我提议从王先生众多著作中选一本书，精校精刊，让其更为长久地流传下去，同门聚会商议，一致推选的是《中古文学史论》。关于典藏版《中古文学史论》的工作思路及策略，我在《书比人长寿——典藏版〈中古文学史论〉小引》中已经讲清楚了[4]，这里就

---

[1] 参见陈平原《那张唯一的合影找到了——纪念饶鸿竞先生诞辰一百周年》，《南方周末》2021 年 4 月 16 日。
[2] 据赵园《王瑶先生杂忆》，王先生"说到陈平原的旧学基础与治学前景时，也是一副毫不掩饰的得意神情"，参见《王瑶先生纪念集》第 250 页。
[3] 参见王瑶《在思想改造运动中的自我检讨》，《王瑶全集》第七卷第 265 页。
[4] 参见陈平原《书比人长寿——典藏版〈中古文学史论〉小引》，《中华读书报》2014 年 5 月 7 日。

不重复了。只想说一句,虽然没能继承王先生的中古文学研究[1],但我对此书的认真校注,相信能得先生欢心。

要说学问上的"薪火相传",我的几位师兄师姐都做得很好。现代方面,钱理群、温儒敏、吴福辉合作《中国现代文学三十年》影响巨大,还有他们各自所撰中国现代文学方面的专史,也都十分精彩;古代方面,赵园出版《明清之际士大夫研究》等,更是让我敬佩不已。作为中国现代文学专业博士,说来惭愧,我只是在小说形式研究方面略有建树(如《中国小说叙事模式的转变》),再就是"五四研究"不无影响(如《触摸历史与进入五四》);唯一可以聊以自慰的是,我没有丢失王先生非常看重的"贯通古今"的立场,先后刊行了《千古文人侠客梦》《中国散文小说史》《从文人之文到学者之文》等著作。至于我在大学、都市、图像、声音的研究,也算颇具开拓性,但那是另一回事。

学界谈论王瑶先生的贡献,除了具体著述,还有学术立场与研究方法——五十年代追求新时代有"义理"的"考据"[2],八十年代诠释注重"释古"的"清华学风"[3];另外,相对于同时代众多

---

[1] 我的专业论文中,唯一涉及"中古"且比较得意的,是《现代中国的"魏晋风度"与"六朝散文"》,《中国文化》第15/16期合刊,1997年12月。

[2] 参阅王瑶《论考据学》《从俞平伯先生对〈红楼梦〉的研究谈到考据》《论考据在古典文学研究工作中的地位与作用》等,见《王瑶全集》第二卷第442—455页、第二卷第456—471页、第二卷第472—513页。

[3] 参阅王瑶《念朱自清先生》《念闻一多先生》《我的欣慰和期待》等,见《王瑶全集》第五卷第572—626页、第五卷第627—659页、第八卷第83—87页。

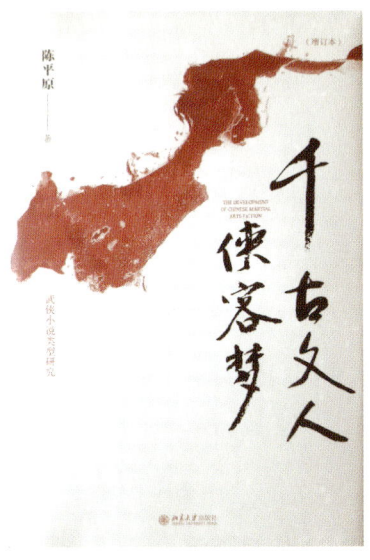
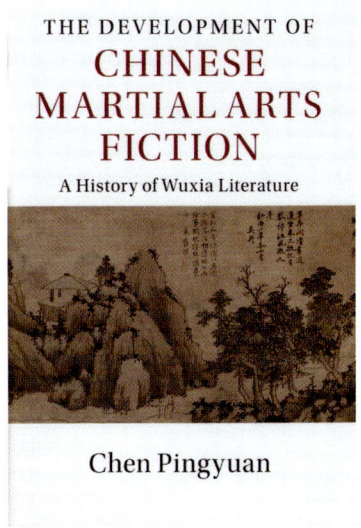

《千古文人侠客梦》增订本
（北京大学出版社 2018 年版）

《千古文人侠客梦》英译本
（剑桥大学出版社 2016 年版）

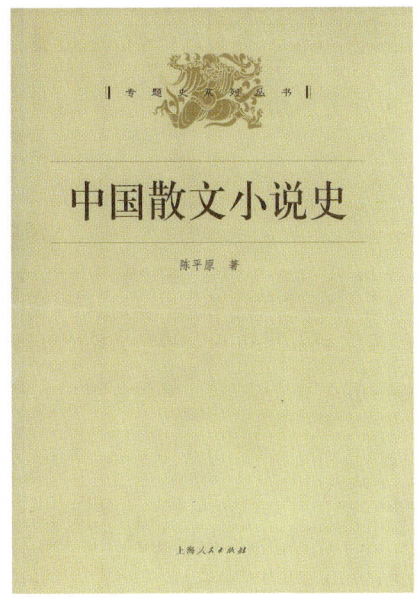

《中国散文小说史》
（上海人民出版社 2004 年版）

鲁迅研究、追随者而言，王瑶先生的"师朱（朱自清）法鲁（鲁迅）"，兼及精神、文章与学问，因而显得别具一格。讨论鲁迅的文学、思想与政治，中外学界有不少高手，王瑶先生的特殊贡献在抉发鲁迅学术思路及方法的意义——早年撰写《中古文学史论》时，明显借鉴鲁迅的《魏晋风度及文章与药及酒之关系》，晚年再三强调鲁迅的著述作为文学史研究的榜样。比如在《〈中古文学史论〉重版题记》《治学经验谈》《〈中国现代文学史论集〉后记》中，再三强调鲁迅若干学术著作，"比较完满地体现了文学史既是文艺科学又是历史科学的性质和特点"，可"作为中国文学史研究工作的。我第一篇讨论鲁迅学问的文章，就是在王先生关照下完成的"[1]。近期，我和学生合作的《〈中国小说史略〉校注》出版，在该书后记《我读鲁迅四十年》中，坦承我的鲁迅研究之所以偏重学问与文体，是受王先生的启迪。将古典学问的思路及技术带到现代文学研究中，我相信若王先生在世，他会欣赏的。

二十年前，我在北大中文系开学典礼上演讲，其中有这样一段话：

> 记得临毕业时，王瑶先生这样开导我：今天我们是师生，好像距离很大，可两百年后，谁还记得这些？都是20世纪中国学者，都在同一个舞台上表演。想想也是，

---

[1] 参见陈平原《作为文学史家的鲁迅》，《学人》第四辑，南京：江苏文艺出版社，1993年7月；[日译本] 中岛长文译，《飙风》32号，1997年1期。

> 诸位今天念文学史、学术史，百年风云，"弹指一挥间"。在这个意义上，你我既是师生，也是同学，说不定还是竞争对手。作为师生、同学兼竞争对手，我能说的就是：在叩问学术探讨真理的道路上，需要勇气，需要真诚，也需要毅力。祝大家尽力而为，不要轻易败下阵来。[1]

据说现场好多学生表示深受震撼与激励。我与我的学生可以在学术探索路上结伴同行，且互为竞争对手；同样道理，我与我的导师也可以是这种关系。我的不少研究思路受王瑶先生启发，但也有不同程度的推进——有跟着说的，有接着说的，也有跳开来说的。比如我在北大出版社推出的"大学五书"等[2]，就远远跳出"从历届北大校长看中国现代思潮"那样的感想与提议[3]。

十年前我撰写《八十年代的王瑶》，第三节题为《作为导师的骄傲》，表彰的是王先生"运筹帷幄，悉心指导研究生，并从事学术组织工作"的贡献[4]。相对来说，王先生作为中国现代文学学会

---

[1] 参见陈平原《同一个舞台》，《中华读书报》2004年9月8日。
[2] 参见北京大学出版社2015、2016年推出的"大学五书"：《老北大的故事》修订版、《大学何为》修订版、《大学有精神》修订版、《抗战烽火中的中国大学》、《大学新语》。此外，还有香港三联书店2009年版《历史、传说与精神——中国大学百年》、北京三联书店2014年版《大学小言》、东方出版社2021年版《文学如何教育》等
[3] 参见王瑶《希望看到这样一本书》，《王瑶全集》第八卷第49—54页。受王先生此文启发，汤一介主持编写了《北大校长与中国文化》（北京三联书店，1988年；[增订版]北京大学出版社，1998年）。
[4] 参见陈平原《八十年代的王瑶》，初刊《文学评论》2014年第4期；又载《王瑶与现代中国学术》第275—293页。

"大学五书"（北京大学出版社 2015、2016 年版）

会长以及《中国现代文学研究丛刊》主编的开创之功，很多人谈及；而作为研究生导师的业绩，及门弟子体会最为深刻。比如钱理群《王瑶先生的九句话》、温儒敏的《王瑶：最有精神魅力的人文学者》，都是从"师"的角度切入、要言不烦的好文章[1]。

学问好的，不一定就是好老师；甚至能教好本科生的，也不一定就能胜任研究生指导工作。都说"得天下英才而育之"，乃人

---

[1] 钱理群：《王瑶先生的九句话》，初刊《北京青年报》2014 年 5 月 7 日；又载《王瑶与现代中国学术》第 341—345 页。温儒敏：《王瑶：最有精神魅力的人文学者》，初刊《中华读书报》；又载《王瑶与现代中国学术》第 366—368 页。

生一大幸事,可是哪来的"英才"以及如何"育之",不是一件轻松的事。不仅仅是公益心或责任心,更有眼界、方法与能力。王先生那一代文史学者中,他受到的学术训练是最好的,而机遇也很重要,先清华、后北大,同事携手,学生争气,加上1981年中国完整的学位制度建立,都使得其指导研究生的才华得到充分的发挥。日后我之谈论研究生教育,不少篇背后都有王先生的影子[1]。

若兼及理念与操作,谈论作为"师"的王瑶先生,我有几篇文章值得推荐,如《"好读书"与"求甚解"——我的"读博"经历》《博士论文只是一张入场券》《我的教育理念及实践》《博士生导师的责任与边界》——后两篇其实是谈开去,借助王瑶先生的例子,表达我对大学教育以及博士生培养的思考。起码"文革"后留校任教的王先生三弟子,钱理群、温儒敏和我,都认真遵从先生"首先站稳讲台"的叮嘱,教学方面不仅受学生的爱戴(比如评为"十佳教师"),也得到教育部或北京市"教学名师"的表彰。更重要的是,专业著述之外,我们都关注大学改革与中小学教育,且都有不俗的表现。在这个意义上,我们都不辱师命,甚至可以说是"超额完成任务"。

---

[1] 参见陈平原《我看北大研究生教育》,《社会科学论坛》2009年第8期;《上什么课,课怎么上?》,《中国大学教学》2011年第2期;《训练、才情与舞台》,《中华读书报》2011年8月3日等。

八、永远的鞭策与未完的阐释

十多年前,我当北大中文系主任时,为了让老师们有个相聚聊天、海阔天空的机会,组织了自由参加的"博雅清谈",其开场白称:

> 记得1989年底,王瑶先生去世前不久,曾再三告诫:对于具体的学者来说,很可能是"前途光明看不见,道理曲折走不完";大的环境你改变不了,但小环境还能自己把握。一定要学会创造一个适合自己生存、发展的小环境,沉下心来做学问。[1]

王先生当初说这句话,有很深的创痛与人生感悟,既是对自己一生的总结,也是寄希望于年轻一辈能跳过蹉跎岁月的陷阱。毕竟,世上不如意事常八九,不能坐等东风送我上青云。借用《荀子·修身》的话:"故良农不为水旱不耕,良贾不为折阅不市,士君子不为贫穷怠乎道。"风雨读师四十载,感受最深的就是这一点——不管形势如何变化,最终决定你的道路及成绩的,还是如

---

[1] 陈平原:《"博雅清谈"开场白》,《中华读书报》2008年11月5日。

何"沉下心来做学问"。

我知道,先生对我是有期待的。多年前撰写《念王瑶先生》,提及1988年夏天,先生为我写了一幅字,"讵关一己扶持力,自是千锤锻炼功——读君近作书此志感",真的让我有"受宠若惊"的感觉[1]。这回为了撰写此文,我通过北大研究生院向北京大学档案馆申请复制我的博士论文评语。当初年轻气盛,觉得博士论文也没什么了不起,答辩也就答辩了,未曾拍照,也没有留底。如今看到1987年6月18日孙玉石先生填写的《北京大学博士学位论文答辩报告书》,我还是很感动的。签名的答辩人包括吴组缃、樊骏、王春元、吕德申、乐黛云、王瑶,答辩委员会主席孙玉石。评语的结尾是:"答辩委员会一致认为陈平原的这篇博士论文达到了优秀博士论文水平,建议授予博士学位。"这"优秀"二字是后来添加的,大概是念完评语,大家(或王先生)觉得意犹未尽。事实证明,答辩委员们的判断是正确的,此论文日后获多种奖项,如教育部颁发的全国高校首届人文社会科学研究优秀著作二等奖(1995)、改革开放三十年北京大学人文社会科学研究"百项精品成果奖"(2008)、第四届思勉原创奖(2017)等。

有趣的是,我的博士论文明明题为《中国小说叙事模式的转变》(答辩后略为修订,即送上海人民出版社,第二年3月推出),为何表格上写的是《论传统文学在小说叙事模式转变中的作用——从"新小说"到"现代小说"》?这个疑问,二十年前我曾

---

[1] 陈平原:《念王瑶先生》,《当年游侠人——现代中国的文人与学者》第384页。

在《"好读书"与"求甚解"——我的"读博"经历》中做了解释：因是北大中文系第一届博士，学校没有经验，且经费紧张，于是要求答辩时只提供部分章节。[1]

值得全文引述的，是指导教师王瑶先生的评语，那是一笔一画写下来的，没有任何涂改，看得出是事先认真准备，拟好稿子的：

> 本文在充分掌握资料的基础上，从小说叙事模式的角度，考察了从晚清开始到五四新文学创作中"现代小说"由古代小说的转变过程，并具体分析了中国小说在受到西洋小说的影响发生变化时所引起的中国传统文学各种文体对这种变化所起的作用。它所研究的是文学形式的变化（叙事时间、叙事角度、叙事结构），但通过具体的分析和论证过程，说明在小说的"现代化"过程中，传统文学所起的作用也是非常重要的，这不仅指对古典小说的继承关系，而且是传统文学的许多文体，包括诗骚传统，都对这种转变起了积极的促进作用。目前学术界关于古典文学和现代文学的研究尚处于彼此"分工"过严的状况，对于二者之间应有的联系或"桥梁"尚缺乏必要的探索，更缺乏专就文学形式的某一方面的变化做仔细认真的研究，因而无论就选题角度或是内容探讨来说，本文都具有开创的性质；特别对晚清新小说的分析，由于材料不易搜集，一向是鲜

---

[1] 陈平原：《"好读书"与"求甚解"——我的"读博"经历》，《学位与研究生教育》2003 年第 12 期。

北 京 大 学
博士学位论文学术评议书

论文题目：论传统文学在小说叙事模式转变中的作用——从"新小说"到"现代小说"

姓名：陈平原　　专业：现代文学专业　　入学时间：1984年9月

指导教师姓名：王瑶　　职称：教授　　所在单位：北京大学中文系

评阅人姓名：　　　　职称：　　　　所在单位：

对论文的学术评语：

本文在充分掌握材料的基础上，从小说叙事模式的角度考察了从晚清开始到五四的新文学创作中"现代小说"由古代小说的转变过程，并具体分析了中国小说在受到西洋小说的影响发生变化时所引起的中国传统文学各种文体对这种变化所起的作用。它所研究的是文学形式的变化（叙事时间、叙事角度、叙事结构），但通过具体的分析和论证过程，说明在小说的"现代化"过程中，传统文学所起的作用也是非常重要的，这不仅指对古典小说的继承关系，而且是传统文学的许多文体，包括诗骚传统，都对这种转变起了积极的促进作用。目前学术界关于古典文学和现代文学的研究尚处于彼此"分工"过严的状况，对于二者之间固应有的联系或"桥梁"尚缺乏必要的探索，更缺乏专就文学形式的某一方面的变化作仔细认真的研究，因而无论就选题角度或内容探讨来说，本文都具有开创的性质。特别对晚清新小说的分析，由于材料不易搜集，一向是

签名：
（接后）　　　　　　年　月　日

鲜为学术界注意的领域。本文所作的材料和所作出的论断，应该说都是有创造性的。文章立意新颖，论证严谨，虽然选择的考察角度似较细小，但所达到的科学性和学术水平是相当高的。而且就某一具体问题来探讨中国传统文化对"现代化"所可能起的积极作用来说，也是有现实意义的。但文章对"现代小说"的分析论述似不若对晚清"新小说"之详细周密，因而在一些地方影响了所作论断的概括力。

总起来说，我认为此论文已达到博士学位所要求的水平，因此我谨加以推荐，请求对之组织答辩委员会进行答辩。

签名：导师 王瑶
1987年5月 日

为学术界注意的领域,本文所占有的材料和所作出的论断,应该说都是有创造性的。文章立意新颖,论证严谨,虽然选择的考察角度似较细小,但所达到的科学性和学术水平是相当高的。而且就某一具体问题来探讨中国传统文化对"现代化"所可能起的积极作用来说,也是有现实意义的。但文章对"现代小说"的分析论述似不若对晚清"新小说"之详细周密,因而在一些地方影响了所作论断的概括力。

总体来说,我认为此论文已达到博士学位所要求的水平,因此我谨加以推荐,请求对之组织答辩委员会进行答辩。

我与王先生都生活在燕园,平日虽多有交流,手头没有留下任何王先生的书札。倒是王先生去世后,师母在清理遗物时,发现一份霍英东教育基金会高等院校青年教师奖(研究类)推荐书的复印件,那是王先生手写的,全文如下:

陈平原同志于1987年6月取得北京大学文学博士学位,其论文质量即得到一致好评,认为观点新颖,思想开阔,资料详实丰富,论证过程严密,显示了具有很强的研究能力和较高的学术水平。毕业后即留北京大学工作,教学成绩优良,并担任了"七五"国家重点项目"二十世纪中国小说史"及"近现代学者对中国文学研究的贡献及经验"两个项目的重要写作任务,进度顺利,为该两项研究课题的骨干力量。他工作踏实，作风谨严，为不可多得之青年学者。

他治学由现代文学入手，上溯近代以至古代，又十分重视当前思潮及文学发展情况，旁及西方文学及哲学理论，注意研究方法，又能适当吸收西方理论并与中国实际相结合。其注意重点似在由古代中国至现代中国的转折期的文学和文化现象，以及各种学科（文学、哲学、宗教）之间的边际研究，故特别重视中西文化之碰撞及融合，因而对清末民初一段之文学及社会有关文献特别熟悉。他注意在此历史阶段中国知识分子之主观形态，开拓了新的研究领域。他已写了几本专著和多篇文章，在学术界引起好评。因为他有较高的理论修养和思辨能力，文笔又晓畅自如，可读性强，因而引起了人们的注意。

今就其主要专著略加介绍。

一、《在东西方文化碰撞中》，论文集——主要是从不同角度考察了晚清以来的文学现象，着重在知识分子的心态、文艺的民族化倾向、以及不同的艺术形式之间的互相渗透三方面进行论述，突出了文学的边缘研究的特点，其中如《论苏曼殊、许地山小说的宗教色彩》《林语堂与东西方文化》等篇，甚得学术界好评。

二、《中国小说叙事模式的转变》，是他的代表性论著。他从叙事模式的角度切入，研究1898—1927年三十年间中国小说从传统到现代的过渡轨迹，分析了西方小说输入与传统文学的创造性转化这两者在小说现代化过程中的作用，特别对传统文学的创造性转化方面，尤多创见。他运用了西方理论，在形式研究方面具有开创性，而且搜集、分析了大量散见的材料，功力颇深。

三、其它书籍及文章也有影响较大者，如与钱理群等合写的《论二十世纪中国文学》等篇，不一一介绍。

鉴于上述情况，无论就其已取得之成就或蕴藏之潜力看，陈平原同志皆属同辈中之佼佼者，故特予以推荐。

接下来是签名盖章，填表日期是 1989 年 1 月 27 日。熟悉当代史的都晓得，那一年发生很多事情，评奖的事就此搁下来，何时重启以及结果如何，我就顾不上关心了。

虽没获霍英东青年教师奖，但有王先生一纸评语，就是对我最大的褒扬，也是我日后前进路上永远的鞭策。今年 1 月，商务印书馆推出我总共 24 卷的文集，在"总序"中我说：

> 有机会出版个人文集，而且是在举世闻名的商务印书馆，实在是幸运之至。我曾多次提及，作为七七级大学生，我们这代人的普遍状态是：道路曲折，前途光明；劳作勤奋，成绩有限。恰逢连续急转弯的大时代，个人无法遗世独立，"文革"中的蹉跎岁月，八十年代的艰难崛起，九十年代的勇猛精进，以及新世纪的拓展与抗争，都只是努力顺应时势。静夜沉思，常觉扪心有愧。但反过来想，

换一个时代或国度，我就能做得更好吗？也实在不敢打保票。聊以自慰的是，从那么低的地方起步，紧赶慢赶，能有如此微薄成绩，已经很不容易了。[1]

在"总序"的结尾处，特别提到了王瑶先生等在我学术起步阶段的悉心调教。这种调教，可能是具体的学术指导，也可能是无意中说出的充满睿智的警句[2]。

十年前，在北京大学召开的"精神的魅力——王瑶与二十世纪中国学术"研讨会上，我做了题为《"学者百年"与"百年学者"》的开场白，其中有这么一段：

> 王先生去世已经二十五年了，作为友人、弟子或后学，我们依旧怀念他，但落笔为文，基本上已经将其作为历史人物来看待、辨析与阐释。对于文人学者来说，去世二十年是个关键，或从此销声匿迹，不再被人提及；或闯过了这一关，日后不断被记忆。因为，当初那些直接接触你的人已逐渐老去，不太可能再为你呼风唤雨；而年轻一辈只能通过书本或档案来了解，很难再有刻骨铭心的感受。这学期我在北大讲"中国现代文学学科史"，学生们听了很激动，说没想到师长们的学问是这么做的。可我很清醒，

---

[1] 陈平原：《〈陈平原文集〉总序》，《陈平原文集》第一卷，北京：商务印书馆，2024年。
[2] 比如师兄老钱转达的"有才华是好的，横溢就可惜了"，参见陈平原《有才华是好的，横溢就可惜了》，《中华读书报》2019年9月4日。

学科名称 中国小说研究
学科代号 330501

总编号：_____

霍英东教育基金会
高等院校青年教师奖
（研究类）推荐书

被推荐者　陈平原
所在单位　北京大学

推荐者　　王瑶
专业职务　教授
工作单位　北京大学中文系
通讯地址　北京大学镜春园75号
电　　话　2582471—3570
电　　传
推荐日期　1989.6.7.

四、推荐者对被推荐者的评价

对被推荐者的学术水平、能力、论著、已取得的成就、当前工作意义、工作作风的评价：

陈平原同志于1987年6月取得北京大学文学博士学位，其论文质量即得到一致好评，认为观点新颖，思想开阔，资料翔实丰富，论证过程严密，显示了具有很强的研究能力和较高的学术水平。毕业后即留北京大学工作，教学成绩优良，並担任了"七五"国家重点项目"二十世纪中国小说史"及"近、现代学者对中国文学研究的贡献及经验"纲领了项目的重要写作任务，进度顺利，为该两项研究课题的骨干力量。他工作踏实，学风谨严，为人亦奖掖后进青年学生。

他治学由现代文学入手，上溯近代以至古代，下衍至新时期及文学发展的趋势。旁及西方文学及哲学理论，注意研究方法，又能通过借鉴（西方理论）与中国实际相结合。其注意重点似在由古代中国至现代中国的转折期的文学和文化现象，以及在对学科（文学、教学、宗教）之间的互际研究，故特别着眼中西文化之碰撞及融合，因而对清末民初一段之文人及社会思潮文献皆有留意。他注意发现发展史的晚清中国知识分子之主体引源，有起了新的作出或成就。他已写了较多专家和普及文章在校报杂志上发表，因为他有较高的理论修养和思辨力，文笔又晓畅、比方通俗，深入而且是能广大阅读读者。

今就其主要表现具体介绍如下：①

①在东西方文化的撞击中识其衰。一是要从不同角度考察了晚清以来的文化现状与各种知识分子心态、文艺的先驱或接收，以及不同的西方向、思潮、以至创作主流对当时社会思想及文学的互发展等。

(接前页)

的特点。史中加以论述甚多练，许地山小说的宗教色彩力，以俗语言与东西方文化"等篇，尤得学界好评。

② 《中国小说叙事模式的转变》是他的代表性论著。他以叙事模式的角度切入，研究1897—1927年三十年间中国小说从传统到现代的进程说这，分析了西方小说输入与传统文学的创造前转化这两方面在小说现代化进程中的作用，特别对传统文学的创造性转化方面尤多创见。他运用了西方理论在形式研究方面具有开创性；而且搜集、分析了大量散见的材料，功力颇深。

③ 其它书籍及文章也有影响较大者如与钱理群等合写的《二十世纪中国文学》等篇不一一介绍。

鉴于上述情况，与该同志已表程之水平，就或超越之际了看，陈平原同志当系同辈中正俊后选择，故特予以推荐。

推荐者（亲笔签名）王瑶 [印]

1987年1月27日

感动是一时的，有些细微的感觉无法传递，更不要说承继了。在这个意义上，我们今天在这里谈王瑶先生，大概是最后一次混合着情感、学识与志向的公开的追怀了。[1]

真没想到，在诸多年轻朋友的帮助下，今年我还有能力积极运作重刊"王瑶著作系列"以及《王瑶全集》，且在中国现代文学馆、北大文研院、北大中文系、北大现代中国人文研究所的鼎力支持下，筹办"王瑶先生学术文献展"。召开王瑶先生诞辰110周年学术研讨会。完成《王瑶画传》（与学生合著，即将由北京大学出版社推出）等，说实话，这些工作之进展顺利，超出了我和几位师兄、师姐原先的预料。

在《王瑶画传》绪论的结尾处，我写下一句很深的感叹：

> 生活在20世纪中国，作为"大先生"的王瑶，兼及教书育人、著书立说与社会关怀，故其得失成败，不完全属于个人，必须纳入整个激烈震荡、风云变幻的大时代，才能看得清、说得透。由于图书性质以及编著者能力的限制，这方面的论述未能充分展开，只能留待日后弥补。

其实不仅是区区画传，其他相关论著也有类似的遗憾。或许是离得太近，有些深层次的问题未见得能看清、看透，更不要说深入展开开掘。这种局限性，有的是个人学识所限，有的则属于

---

[1] 陈平原：《"学者百年"与"百年学者"》，《新京报》2014年5月7日。

一个时代。我曾经拉开，将王瑶这一个案放置在更大的视野中论述[1]，但效果还是有限。我承认《王瑶和他的世界》《王瑶与现代中国学术》中有不少好文章，但在我眼中，所有追忆与论述，都属于"未完的阐释"。

政治史、学术史、思想史上，不乏意蕴宏深、常读常新的人物与著作，希望我的导师王瑶先生能够进入这一行列，吸引一代代年轻人与之展开深入细致的对话。

2024年1月17日—3月5日于京西圆明园花园

---

[1] 参见《八十年代的王瑶先生》，《文学评论》2014年第4期；《中文系的使命与情怀——二十世纪五六十年代北大、台大、港中大的"文学教育"》，《清华大学学报》2014年第4期；《在政学、文史、古今之间——吴组缃、林庚、季镇淮、王瑶的治学路径及其得失》，《北京大学学报》2015年第3期。

下编

《王瑶画传》(北京大学出版社 2024 年版)

「好读书」与「求甚解」
——我的「读博」经历

四、推荐者对被推荐者的评价

对被推荐者的学术水平、能力、性格、已取得的成就、当前工作意义、工作作风的评价

陈平原同志於1987年6月取得北京大学文学博士学位,为论文答辩得到[到]一致好评,认为观点新颖,思想开阔,资料翔实,十分认真地做学问,显示了具有很强的研究能力和较高的学术水平,毕业后留在北京大学工作,教学成绩优良,并担任了"七五国家重点项目——三卷中国小说史"及"近、现代学生对中国文学研究的贡献"及"北洋项目的重要写作任务,进度顺利,为该两项研究课题的骨干。他工作勤奋,学风谨严,为不可多得之青年学生。

他涉猎自现代文学入手上溯近代以至古代,又下连现代当代思潮变异,文学实体论,旁及西方文学及哲学理论,注意研究方法,又能适当地[西方理论]适与中国实际相结合,其注意重点似在由古代中国至现代化中国的转折期的文学和文化记载,以及各种学科(文学,哲学,宗教)之间的互相渗透,故特别重视中西文化的碰撞与融合,因而对清末民初一段之下层社会及其文献,都有兴趣。他注意发掘展现只有中国知识分子之主观思潮。[模糊]数越,他已写了很多有思想学问文章在学术界造成影响,目前他亦表现相设作者求思新的文采又睦(?)明,出于[模糊]。

今[后]注意我是 ④

又到了照毕业像的时候，校园里到处绽放着笑脸与鲜花，空气中荡漾着歌声笑声祝福声，博士袍、硕士袍随风起舞，无论生人熟人，全都把善意写在脸上。大学校园里，没有比这更美好的时刻了。如此盛大的节日，基本上属于应届毕业生；平日里威风八面的导师们，如今只是充当配角或照相时的道具。按理说，教授也是从学生走过来的，如此风光，人人有份，可偏偏我就没有这样温馨的记忆。

十六年前的这个时候，我独自一人，骑脚踏车，来到未名湖边的研究生院，取走那张属于我的博士文凭。回宿舍时，顺道买了个西瓜，放在水房里冰着，准备晚上受用。给父亲挂了个电话，说"东西拿到了"；电话那头很激动，叮嘱下次回家时一定带给他看看。那时年轻，看不起"博士""硕士"等头衔，以为关键是有无真才实学。第二天，为完成下一个研究课题，江南读书去也。

也不是我特立独行，那时北大压根儿就没有此类穿袍戴帽拨丝带的仪式。前有"破除形式主义"的正面教育，后有"早请示晚汇报"的反面文章，对于各种华丽表演，学者们大都没有好感，以为真实且深刻的个人感受，不必借助仪式也能永远铭刻在心。只是随着教育、文化以及日常生活的逐渐西化，二十世纪九十年代以后，婚纱照、酒吧街、生日派对、博士典礼等方才大行其时。到了这个时候，像我这样既没拍过婚纱照，也没戴过博士帽的，

讲述我的读博经历（2023 年 9 月 22 日）

一下就显得很土。

话说回来，以平常心看待博士学位，也不无好处。对于国家来说，建立完整的学位制度，乃学术独立的标志，是天大的喜事；至于个人，读书做学问须持之以恒，"博士"云云，不过是取得一张从事专业研究的入场券。念及此，我辈对于博士帽的过分简慢，也不算太离谱。只是每回清点"过去的生命"，拿不出一张冠冕堂皇的博士照，还是感觉有点遗憾。什么时候"老夫聊发少年狂"，粉墨登场，补拍一张，还没想好。

我之所以不是特别看重这博士头衔，其实与自己的专业方向有关。回首百年中国学术，研究文史的第一流学者，大都没有博士学位——即便曾出国留学的（如陈寅恪、钱锺书等）也不例外。这一点，与经济、法律、物理、生化等专家大不相同。哲学家、史学家完全可能自学成才，法学家、数学家则很难回避严格的学院训练。正是这一差异，使得北大最早授予的，是理学博士，而不是像我这样的文学博士。

说起来，我之"读博"，纯属因缘凑合。1984年夏天，我完成硕士学业，希望到北京工作。由于王瑶先生的大力推荐，北大中文系准备破例接纳我这中山大学的毕业生。可到了学校这一关，被卡下来，理由是：既然好，何不让他考博？于是，我有幸成为北大中文系历史上第一届博士研究生。此前，北大中文系诸多名教授，虽有招收博士生的资格，或因本人谦虚（"我都不是博士，让我怎么带博士生"），或因一时找不到满意的弟子，一直悬着。

那一年，北大中文系总共招收了两名博士生，除了原本就是

北大镜春园 76 号王瑶先生故居

在北大镜春园 76 号王瑶先生故居大门前

在王瑶先生家聊天（1989年春节）

为王瑶先生过生日（1989年）

北大教师的温儒敏,剩下的就是我了。那时候,博士生宿舍三人一屋,开始我和学国际政治、学有机化学的同住,后又改为与治中国史、治法国史的为伍。这样一来,我们的日常聊天,不能不"跨学科"。比起日后的师兄师弟师姐师妹互相提携,合作无间,我们那一届博士生,因同一领域人烟稀少,普遍养成与其他学科对话的习惯。记得1985年秋冬,我和钱理群、黄子平论"二十世纪中国文学"的系列文章发表,引起学界广泛关注,北大研究生会曾专门组织讨论,与会的包括文科各系的博士生,甚至还有理科的朋友。这种对新事物保持强烈的好奇心,除自家园地外,也关注其他学科的进展,在触类旁通中获得灵感与动力,与今日博士生教育的过于强调专业化,形成鲜明对比。以我有限的观察,那一届博士生普遍读书认真,视野开阔,但学术训练相对薄弱。这一局面的形成,与二十世纪八十年代的思想解放运动不无联系,也与博士学位制度刚刚建立,各项规章制度不太健全有关。举个例子,我的博士论文已经写完,正准备举行答辩,忽然下来一个新规定:必须先通过博士资格考试,而后才能正式进入论文写作。我们苦笑一声,只好便宜行事,两步并做一步走。

制度不太健全,对于博士生来说,有好也有坏:学术训练不足,这是缺点;但自由活动的空间很大,则很值得怀念。那一代人的擅长独立思考,保持开阔的胸襟与视野,很大程度上是被逼出来的。梁启超《清代学术概论》在说到"启蒙期"学术特点时,有这么一段话:"在淆乱粗糙之中,自有一种元气淋漓之象。"二十世纪八十年代的中国学术,包括创始期的博士教育,某种程度上可作如是观。

说来有点不可思议,我读博士,从来没有正正经经地上过专业课。除了必不可少的第一外语和第二外语,我的主要任务是读书、思考,每周与导师王瑶先生进行一次学术对话,还有就是访问校内外相关专业的专家学者。1989年岁末,王先生去世,我曾撰写《为人但有真性情——怀念王瑶师》(《鲁迅研究月刊》1990年1期),其中有一段话广为传诵:

> 先生习惯于夜里工作,我一般是下午三四点钟前往请教。很少预先规定题目,先生随手抓过一个话题,就能海阔天空侃侃而谈,得意处自己也哈哈大笑起来。像放风筝一样,话题漫天游荡,可线始终掌握在手中,随时可以收回来,似乎是离题万里的闲话,可谈锋一转又成了题中应有之义。听先生聊天无所谓学问非学问的区别,有心人随时随地皆是学问,又何必板起脸孔正襟危坐?暮色苍茫中,庭院里静悄悄的,先生讲讲停停,烟斗上的红光一闪一闪,升腾的烟雾越来越浓——几年过去了,我也就算被"熏陶"出来了。

这段描写并非"写意",而是"写实"。我的"读博"之所以如此潇洒,既取决于王先生的个人风格,也与其时博士制度刚刚建立,尚无各种硬性指标有关。

制度不太严格,外在束缚很少,既稀见奖励,也难得惩罚。

如此缺少竞争，是否会降低学术水准，我看不一定。并非百米短跑的你追我赶，而是跳水台上的自我发挥，这种自由自在的读书状态，更接近古人所说的含英咀华、沉潜把玩。读书做学问，需要心平气和、优游从容。记得原清华大学校长梅贻琦曾提及大学课程太多，不适合于从事高深研究。在梅先生看来，对于读书人来说，"闲暇"十分重要："仰观宇宙之大，俯察品物之盛，而自审其一人之生应有之地位，非有闲暇不为也。纵探历史之悠久，文教之累积，横索人我关系之复杂，社会问题之繁变，而思对此悠久与累积者宜如何承袭节取而有所发明，对复杂繁变者宜如何应付而知所排解，非有闲暇不为也。"（《大学一解》）对于志向远大并潜心于学者，"余裕"的重要性，起码不下于常被提及的"压力"。在讲求规则严格管理逐渐成为主流话语的当下，为"无拘无束自由自在的读书"辩护，或许不无必要。即便在争分夺秒的"读博"阶段，也不该时时刻刻念叨着那借以获取学位的毕业论文。

王瑶先生指导博士生，有几点明显与今日潮流不合，值得提出来讨论。第一，不鼓励研究生在学期间发表论文。理由是：不垒高坝，提不高水位；随处发泄，做不成大学问。这还不算初出道者投稿时可能揣摩风气，投其所好；或者发表后的沾沾自喜，得意忘形。第二，不给学生出任何题目，只负责首肯或否定你的选题。理由是：所有好的学术选题，都内在于研究者的趣味及能力，别人取代不了。更何况，对于学者来说，此举生死攸关，正是研究生教学的重点。第三，硕士论文不要超过三万字，博士论文不要超过十万字。理由是：学位论文必须凸显作者的眼光、训练与表达能力，不能弄成臃肿芜杂的史料长编。你可以有很多附录，但正文部分必须干净利落、严谨简洁。王先生的这一"戒律"，日后有所松动，但基本思路没变，即学位论文并非"以长为美"。之所以"松动"，是因为具体实施时出现了问题：遵照王先生的思路以及学校的相关规定（那时北大经费紧张，答辩时往往只提供部分章节），我将博士论文《中国小说叙事模式的转变》的"下编"，改题为《论传统文学在小说叙事模式转变中的作用——从"新小说"到"现代小说"》。答辩会上出现一个尴尬的局面：有些提问，我在论文"上编"其实已做了相当充分的论述。

王先生指导研究生的这"三大策略"——尤其是不给学生出题这一招，在我看来，实含至理。今日中国学界，不管是理工医农，还是人文社科，名气越大的博士生导师，越像运筹帷幄的"将军"或"老板"，将众多研究生编入自己的课题组，分派题目，合作攻关。这种工科教授得心应手的操作方式，用到文科，好处是学生上路快，而且旱涝保收；缺点则是可能限制学生才华的发挥，就好像是孙悟空永远跳不出如来佛的手掌心。清代大学者戴震说过这么一句惊心动魄的话："大国手门下不出大国手，二国手、三国手门下教得出大国手。"（段玉裁《戴东原先生年谱》）为什么？我想，最大的可能性是："大国手"所具有的无边法力与无上威严，成了其"门下"自我表达以及突围的巨大障碍；而"二国手""三国手"的"门下"，精神负担小，放得开，故反而可能有大发展。对于真心希望"青出于蓝而胜于蓝"的学者来说，戴震

《中国小说叙事模式的转变》
(北京大学出版社 2003 年版)

的这句话值得仔细咀嚼。

刚博士毕业那阵子,偶有争议,常被人讥笑:还博士呢,连这都不懂!其实,这是将西方追求专精的学术精神,与传统中国的博雅趣味(所谓"一物不知,儒者之耻")相混淆。同样名为"博士",作为学位的 Ph. D. 或 Litt. D.,与古代中国学官不可同日而语(尽管现在的官场上,高学历成了晋升的重要条件);可也不太像博通古今之人或专精某一门特殊技艺的(如茶博士)。一定要比,只能说是后两者的综合。当然,那是指理想的状态。

我所理解的"读博",除了现实层面的获得学位外,应该还有另外两重意义，一是读书的心境，一是读书的技术。这里所说的"读书"，包括阅读、思考、探究、写作等，接近今人所理解的"治学"。晋人陶渊明自称"好读书，不求甚解"，人多以为是自嘲；其实，这是一种很高的读书境界。所谓"每有会意，便欣然忘食"（《五柳先生传》），更显示其读书之乐。不强作解人，不过度诠释，不为了职称而著述，这样的读书，方才能得其三昧。今人则相反，未曾耕耘，先问收获，落实到具体操作过程，便是"不读书，好求甚解"。如何兼及博雅与专精，既保留读书之乐趣，又希望对学术有所推进，我想，最佳状态是："好读书，求甚解。"后者指向职业，前者指向志趣。

在重视学历的现代社会里，读书与职业之间，确实存在某种联系。大学里，只讲修心养性固然不行，可变成单纯的职业训练，也未免可惜。理想的博士生训练，不只是习得精湛的"专业技能"，更包括养成高远的"学术志向"与醇厚的"读书趣味"——这也是我对北大格外感激的地方。

2003年7月10日于京北西三旗

（初刊《学位与研究生教育》2003年第12期）

博士论文只是一张入场券
——答《中华读书报》记者祝晓风问

编者按：又到了硕士、博士们为写论文而挑灯夜战的季节。写论文究竟为了什么？每人的回答各有不同。为了长学问？为了做贡献？还是为了那顶博士帽、为了谋职寻禄？目的不同，手段就不一。如果是为了学术上的长进，为了让那顶博士帽方方正正、堂堂正正，就不妨听听陈教授的谈话，看看这些有用的书。

问：请您简单介绍一下当时写作博士论文《中国小说叙事模式的转变》的背景。

答：二十世纪八十年代中期有所谓理论年、方法年。那几年大家讨论问题，喜欢先谈大的理论框架，摆弄各种新方法、新理论。这是八十年代的风气。那三两年，文学界、学术界都有比较大的变化。就在那个时期，我们提出"二十世纪中国文学史"概念，影响比较大，很多人希望我们就这方面大加发挥。可是我和老钱（钱理群）、黄子平不一样，当时我还在读博士生，他们两个在北大当老师。所以我面临一个问题，就是博士论文写作。当时我已经发表的论文虽然影响较大，但怎么样和博士论文的写作结合起来，仍是一个很大的难题。做博士论文，很多人一开始提出宏大的规划，希望一举解决一个很大的问题。何况那时我年轻气盛，又正值"二十世纪中国文学"的提法被普遍看好。所以博士论文还没有开始写作，我的导师王瑶先生就提醒我："别弄一大堆理论。"意思是说，别把理论弄成一个筐，什么都往里头装。当时最容易谈的如"东西方文化异同"，确实是什么东西都可往里装。做学问，"说有容易，说无难"。中国文史这么大的范围，你爱说什么，很容易找到；说无，就必须排他，做很多实证性的研究。所以很多人都愿意在"说有"这方面做文章，那很容易，随便逮住几个例子就能写出一篇论文来。王瑶先生希望我不只在具体课题研究方面有所突破，而且对整个知识的发展有所贡献。所以，当时我特别警觉，从1985年的热潮中退身下来，认真做博士论文。

问：您当时对自己的博士论文有什么想法？听说一开始您也有题目被否定，是这样吗？

答：博士论文跟别的文章不一样，在我看来，必须是顾炎武所说的"必古人之所未及就，后世之所不可无，而后为之"。这样的题目，才适合作为博士论文的题目。是否前面没出现，后面不可缺，写小文章无所谓，做博士论文的选题则特别重要，必须定位在这里。对我来说，还有一点很重要：怎么样利用你的积累，最大限度地发挥你的长处；另外，论文做完后还可以继续伸展。这两点是做论文的人应特别注意的。如果随便抓一个时尚的题目，即使有若干好的想法，也是不可能完成的。因为这跟你的长期积累、志趣以及长处脱节，做起来肯定是仓促上阵。博士论文是一个成果，也是一种训练。这句话的意思是，从硕士到博士，这六年总得有个阶段性的成果。这固然很重要，但更重要的是博士论文做完之后，还能继续发展，有个生长点。假如没有，做完论文就丢掉了，以后再找个题目，那只是拿了个学位。

所以，我考虑的是，第一，这个题目值得做，所谓"古人之所未及就，后世之所不可无"；第二，这个题目我能做，我以前的积累指向这里，以后的研究从这里出发。这两点锁定以后，再选题目就比较好办。当然，你会根据学界动态，以及自己的兴趣不断调整。选题目其实很难。你必须考虑到学术界的状态、你自己的能力，还有这篇论文出来后对学术界的贡献。在选题过程中，你会不断冒出很多很多的想法。我相信很多人都是这样。有的人一进大学、研究院就有一个题目，围绕这个题目，目不斜视，一直做下去；另一种是通过读书，不断思索、徘徊、选择，在很多题目的纠缠中挣扎，最后确定一个。我是后面这一种。1985年，我同时准备做几种工作，好些后来没有做，有的因为条件不成熟，有的则是我的知识准备不够。我说这些，也许对大家有用。就是说，你知道好多题目有意思，值得做，但是如果你做不了，只好抛弃。我当时选了三个题目，涉及三个类型。

第一个题目是，现代文学和宗教的关系。后来我没做，别人做了。因为我念硕士时写了一篇《论苏曼殊、许地山小说的宗教色彩》，到北大念书，很大程度是因为这篇文章。文章写成之后，我刚好到北京，给老钱看，老钱又推荐给王瑶先生看了。此前王先生没有招过博士生，看了这篇文章后，说"让他来考吧"，所以

论苏曼殊、许地山小说的宗教色彩

中山大学　陈平原

也许，在中国，再也不会有那样毫不造作的"不僧不俗亦僧亦俗"的奇人；即使有这样的奇人，也不会有那样绚烂瑰丽的"不僧不俗亦僧亦俗"的作品；即使有这样的作品，也不会有那样热情真挚的"不僧不俗亦僧亦俗"的读者！

作为思想史、宗教史、文学史上不可复得的化石，苏曼殊、许地山的作品值得研究。

一

苏曼殊、许地山既是真诚的宗教信徒，又不是纯粹的宗教信徒。这就决定了他们对宗教思想，既有所接受，又有所扬弃。这种接受与扬弃，既根源于个人的思想、气质、情趣，又深深地植根于社会历史的土壤。它从一个侧面反映了二十世纪东、西文化大碰撞中中国知识分子心理结构的变迁。

曼殊为人处世，不无夸张造作、惊世骇俗之举，但削发为僧、皈依我佛却是真诚的。并非弃圣绝智的"出世"，而是脱苦脱俗的"解脱"。尽管很快地他就不屑于"世间法"，也不屑于"世外法"，选择不僧不俗、亦僧亦俗的道路，但他从来不曾脱下袈裟，放下托

~1~

《论苏曼殊、许地山小说的宗教色彩》打印稿

我是北大中文系第一届博士生。王先生跟许多人说过，我招的这个学生，对宗教方面有兴趣。当我做博士论文时，王先生说，他不给我出题目，但可以帮我排除。也就是说，他不管我怎么读书，怎么选题，只告诉我哪种选择可能是错的。我的这个题目就被他否了。为什么否？他的意思是：第一，虽然你对这方面有兴趣，但你没有受过宗教学方面的专门训练，除非你补课，在宗教学方面下很大功夫，否则你就是骗文学界的人。你可以在文学界谈禅论道，但这毕竟不是你的专长。第二，他说，我可以很明白地告诉你，将来能请到的参加你的论文答辩的教授，没有一个人懂这个。答辩时，可能人家看在导师的面上让你通过；也可能你的论文超出那个时候一般教授考虑的范围，你会碰到很多意料不到的困难。两种结局都不理想，所以这个题目最好不做。

第二个题目，我当时对语言哲学感兴趣，所以自然而然地对文言和白话的关系感兴趣，想重新讨论这个问题。我当时跟王先生讲，我自信对晚清一段有一定积累，可以从晚清一直谈过来，讨论二十世纪中国文学语言问题。我谈了一些思路，王先生还是不同意。他认为这个题目，如偏重理论，太玄了；如着重资料清理工作，则没有大的建树。1985年前后，关于这个问题，成果还不多。但大家也都意识到，语言的变化，肯定是这个世纪中国文学很关键的问题。王先生讲，文言转白话，肯定会有大成果出来，但是现在没有找到恰当的理论框架，研究成果很一般。这就是说，我们预感到这个问题的存在，但是没有找到恰当的解决办法。在这种情况下，你一定要做也可以，但这不是最理想的。另外，如果一定要做,就得大补语言学的课。好在我们系里的朱德熙先生历来主张文学语言不能分,所以北大中文系的一个长处,是语言专业比较强。

第三个题目是关于小说叙述方式。这个题目一开始不是这么报的,这是后来逐渐成形的。一开始只是想讨论中国小说形式的变化。王先生说这个题目可以做,但提醒我不要把"文学概论"直接套到文学现象上去。选定中国小说作为研究方向,已经是我读博士的第二年,也就是1985年的下半年了。

问:王先生的教学实在很好,您是怎样处理"问题"与"理论"的关系的?

答:我的第二步工作,是在阅读大量小说和理论著作之后发现的新问题。做研究的人,"思想火花"不断冒出,尤其是当你接触其他学科的研究成果或新的理论框架时。做博士论文的人,除非特别没出息,否则都会努力把研究推进一步。希望自己的论文有一个全新的面貌,自然会考虑到新的理论、新的方法。问题在于,你的论述对象很可能经受不住你借用的理论之重压,因而纷纷解体——这对于史家来说,是很可悲的。我希望在对象的探讨中能发现新的问题,而这个问题最好有较大的发展潜力,这个潜力又能和新的知识结合起来。对于博士生来说,很可能问题意识比理论框架更重要。在小说研究方面,八十年代有很多理论,我比较关注卢卡奇和巴赫金。一般人会从意识形态推导文学形式的变化,而我想从文学形式窥探到意识形态的变化。假如我从戊戌变法、五四运动等来论证小说的变化,这样的论文当然也可做,但价值不大。我希望从小说形式特征的一点一滴的变化,去窥探、折射时代思想、文化潮流。不一定每个时代的政治观念、经济制度、文化思想的变化都会直接引发文学形式的变化,但文学形式的变化,肯定折射了时代与社会变化。从小说形式的变迁入手,讨论本世纪中国的意识形态,这是我的基本思路。另外,就是和我们上面提到的"二十世纪中国文学"命题有关。以前的现代文学研究,基本上从1917年说起,我们则强调从晚清落笔。一方面,我找到了问题,从形式里面窥探社会的变迁,而这是可以伸展的;另一方面,我找到了一个载体,那就是晚清到"五四"的小说。而这两点,恰好与我的研究趣味吻合。

问:您在《中国小说叙事模式的转变》中特别提到"小题大做",这对写论文有什么直接的好处呢?

答:我在好多书的序言里提到"小题大做"。小题小做,可以做到小巧玲珑,但没有多大意思;大题大做不是博士论文所能承担的,那需要花一辈子精力;大题小做,最怕的就是这个,写杂感可以,做论文不行。比较合适做博士论文的——对,写学位论文都是如此,就是"小题大做"。因为在研究能力不是特别强、知识积累不是很雄厚时,大题大做会有困难,而小题大做有可能使你的成果比较坚实。小题大做还有一个好处,可以相对封闭起来。

博士论文只是一张入场券　203

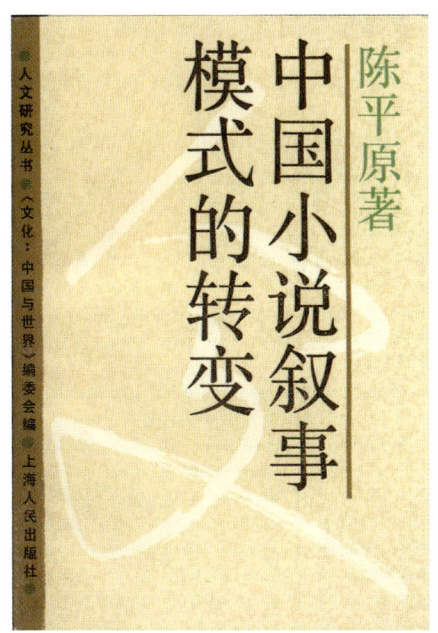

《中国小说叙事模式的转变》
（上海人民出版社 1988 年版）

《中国小说叙事模式的转变》英译本
（北京大学出版社 2022 年版）

北师大陈垣先生有一句名言，就是做学问要"竭泽而渔"，如果"小题大做"，可以做到；但若"大题大做"，则不可能。假如一个题目设计挺好，但你控制不住，可能因为你的时间、资料、思路等有问题，也可能因为这个题目本身就是不可控制的。这种情况下，必须找一个可控制同时能发挥自己的长处，且可能有理论意义的题目。我说的"小题大做"，意思是可以做深做透，另一方面也是因其可以控制。

但不是所有"小题"都能"大做"。这里面，你的眼光很重要。怎样在一个富有潜力的小题目里做出大文章来，要有大的眼光。我记得王国维指导清华研究院某学生论文，是关于孔子生平的考证，王国维说，你考证很精，但不是什么了不起的事情。小题目有的可以大做，有的大做不了，这取决于后面有无大的理论背景，也取决于题目本身的潜力。我希望进去的时候很小，出来的时候很大。这是研究的理想状态。我一开始想研究小说形式的各方面，最后缩小到叙事模式。依我的判断，在整个演变过程中，对于晚清乃至整个二十世纪中国文学，最值得注意的是叙事方式的变化。之所以将论题封闭在清末民初三十年间，因为我想做的是中国小说叙事模式之"转变"。这样的"封闭"，会把复杂性凸显出来。假如我写成中国小说的叙事方式，这样也可以，但很可能变成面面俱到的铺陈。我做"转变"，会更多考虑问题的复杂性，不仅涉及外国小说的启迪，还必须追究古代中国小说的传承。表面上不断缩小范围，但实际上我的思考逐渐深入。谈中国小说，缩小到形式研究，再缩小到叙事模式，最后缩小到叙事模式的转变。这并非偷懒，而是将问题不断推进，思考逐渐深化的结果。

问：我觉得这才是真正的论文。它提出问题，切入问题。很多人不会写论文，就是因为提不出有价值的问题。

答：很多人不会写论文的原因，是误把教科书当论文写作的范本。教科书的特点是一、二、三平行罗列，而研究著作的特点是向前推进。起码就表面特征而言，一个是横的，一个是竖的。比如，告诉你杜甫诗有四个特点，一、二、三、四，中国农民战争有五大特征，一、二、三、四、五，这是平面罗列，不必深入研究，这是教科书。论文是找到一个问题，一步步往前推进，最后逼出令人信服的结论来。我希望我的研究题目缩小，但深度、厚度却大大增加。说形象点，做学术论文，要单刀直入，切忌贪多求全，四面开花。很多人的论文，一看就不是作研究的，单从题目就看得出来，因为只有"范围"而没有"问题"。论文的写作不能只谈"范围"不出"问题"，比如"妇女小说研究""《水浒传》艺术论""象征主义透视"等等，都不是好的论文题目，因为这本身没有"问题"，只是"范围"。为什么很多学生论文出不来？很大程度在此。找到一个好题目，是很不容易的。好题目本身便体现了作者的研究思路。必须学会提出问题，提出一个有价值的问题，已经不只是找到研究对象，而且还蕴含了作者的思路、方法、策略。

问：您本人的散文和其他文体的文章写得相当有激情，而您在这篇论文的写作中却采取了一种很低调的"叙述"，这是论文本身的要求，还是写作者的选择？

答：我从硕士论文到博士论文，有一个很大的变化，就是叙述问题。我写完硕士论文，寄到北京，王瑶先生看了，批了四个字："才华横溢"。然后说，有"才华"是好事，"横溢"就可惜了。这句话特别触动我。逞才使气，控制不住自己，就这么一点小才华，随便挥洒，很容易洒尽的。另一方面，我理解为，这是对对象的不尊重。才华横溢者，容易用他自己的强势姿态来迫使材料就范。表面上，论文井井有条，不是内行看不出毛病。很多人，尤其是年轻人，容易犯的毛病是事先假定理论的"合理"与"毋庸置疑"，要求事实乖乖就范。假如未进入正式研究，或者论文还没作，就已经有了明确的结论，而且不可动摇，我相信这种研究价值不大。因为，你不用研究就有了结论，只不过用整个论文来证明你的结论。这样的研究不具备理论的穿透力。表面上得出的结论与最初的预料一模一样，可庆可贺；我的疑问是，那又何必花几年功夫做这个研究呢？当然，有时候最初的直觉是对的。但很多人不是这样，是因为他把与结论不一样的材料排除了，才会有这种情况。假如你尊重对象、理解对象、强调过程，而不过分注重结论，这样做论文，或许更有价值。你做完论文之后，与你进入论文之前，对问题的看法很不一样，那就会很有意义。

北京大学
博士学位论文答辩报告书

姓名：陈平原　学号：8410401　答辩时间：1984年6月18日

论文题目：论传统文学在小说叙事模式转变中的作用
　　　　——从"新小说"到"现代小说"

答辩委员会意见：

陈平原同志的博士论文遵循"从文学结构的边缘向中心运动"中吸收其他文学形式的精华这一中心线索，详细分析了中国小说由小说（话本）经过清末"新小说"到五四及其后现代小说的发展过程中，中国传统文学在小说叙事模式"创造性转变"中所起的作用。这是现代文学及其发生渊源的一个重要的新课题，前人很少涉及，本论文在比较广泛的范围内，整理、引用和分析了长期为人们忽视了的丰富的材料，进行了高水平富有创造性的研究，四粒出色地完成了这一课题的任务。

论文在占有充分史料的基础上，不仅指出现代小说叙事模式形成与中国古典小说的继承关系，而且着重探讨了传统的许多文体，包括诸子散文传统，都对这种转变起了较大的作用，角度新颖。从选材角度和内容探讨来看，都具有开创性质，许多地方发人所未发，提出了不少有说服力且富于创造性的见解，达到了相当的科学性和学术水平，对中国现代小说创作艺术发展也有现实意义。

论文作风扎实，史料翔实丰富，思想观点新鲜，显示了作者的学术勇气和刻苦扎实的学风。论文先谈几种因素的合力支撑论述传统文学的作用不够充分，有些传统文体影响的论述表述方面尚不够准确。

对授予学位的意见：　答辩委员会一致认为陈平原的这篇论文达到了博士论文水平。一致投票同意授予博士学位。　　　　　优秀

答辩委员会主席签字：王玉哲

答辩委员会委员签字：吴组缃　　　　　　陆中申
　　　　　　　　　樊骏　王瑶　　　　1984年6月18日

问：以前听您说过，学位论文只是基本的标志，您是怎样看这个标志的？

答：硕士阶段，要求学生对本学科的现状有所了解，对该研究领域的方法、材料基本掌握，初步具备研究能力，这就行了。硕士论文体现基本训练，在此前提下略有突破就可以，能体现对学科的贡献更好。而博士论文的要求则高得多，博士论文做得好坏，对他以后的学术生涯影响很大。博士论文是个标杆，跳不过，或只是勉强过关，作为学者而言，就很少有更大的戏可唱了。博士论文应该是一个人进入学术界的入场券。

这里面体现着学术意识、学术规范与学术训练。有的人缺乏基本的学术训练，一辈子都不入门，很可惜。谈论学术规则，表面上不利于天纵之才，可这是一个下限，目的是杜绝"假冒伪劣"。入了门，可以变化、可以创新、可以发展。但缺乏基本的学术训练，不守基本的学术规则，一味"天马行空"，建议他改行从事文学创作。当然，从另一方面讲，教育体制有问题，学术训练有缺陷，学科分类及研究方法有弊病，这些都必须持清醒的态度，时刻准备做出必要的修正。但这不应该成为学界"无法无天"者的护身符。

编者按：《中国小说叙事模式的转变》，陈平原著，上海人民出版社1988年3月第1版。全书23万字，是作者的博士论文。该著以大量的第一手材料为基础，详细考察了中国小说叙事模式在清末民初三十年间，即1898年至1927年不易为人说清可事实上却是意义深远的转变。该著沟通文学的内部研究和外部研究,"把纯形式的叙事学研究与注意文化背景的小说社会学研究结合起来",创造性地运用形式主义、结构主义、符号学、现象学、美学等理论,从类型学、文体学、主题学、叙事学等层面综合把握中国小说叙事模式的转变这一极富学术价值的理论课题,该著作中的许多精辟见解都已成为既有理论价值又具文学史意义的不刊之论。该著作因其突破性的学术贡献而被公认为是上世纪80年代中国文学研究的一部里程碑式的著作,同时也是上世纪80年代以来中国学术界知识创新的代表。值得一提的是,仅仅在材料占有方面,作者就付出了常人难以想像的劳动。作者为写这篇论文逐篇阅读了1898年至1927年这三十年间发表的小说,总计数千篇,这还不包括这前后的作品和相关的大量中外理论著作。

(初刊《中华读书报》2003年3月5日)

学术史视野中的王瑶先生
——答北京大学张丽华博士问

问：我们先从王先生的著作开始谈吧。您在回忆文章里提到，在见到王瑶先生之前，很早就读过《中古文学史论》，当时对这部著作的感受如何？对作者有什么样的想象？

答：我的阅读有很大的偶然性。我的父亲是中专的语文老师，家里有王先生很多种书，所以，早在"文革"期间，他的书我就看过好几种。这本书，我最初翻看的是删节本的《中古文学史论集》，但是，虽然读过，其实根本读不懂。《中古文学史论》的写作风格，对于非专业的读者来说是有障碍的，它明显是一本面对专家的著作，因大量密集地排布资料，最后才是一个结论。初学者能读懂的，只是一个基本思路。我在读大学之前，根本没有这个知识准备，当时能读懂的，只是一般的文学史。即便后来我到了中山大学念本科、硕士，在进入北大读博之前，其实都不能说读懂了这本书。

我来北大前夕，恰好王先生应邀要去日本演讲，那时我刚通过入学考试，他说我给你布置一个作业，做一个这几十年来中古文学研究状态的综述。趁这个机会，我又重新读了一遍，那时才比较有感觉。在我看来，王先生《中古文学史论》在四十年代达到很高的水平，五十年代以后，中古文学并不是研究热点，不说停滞不前，但起码缺少突破性的发展。我就此做了一个综述，交给先生，先生表示满意。

问：如果放在中古文学研究的脉络里，王先生这本书大概是一个什么样的位置？

答：中古文学研究，要说大的阶梯，最早有刘师培1917年的北大讲义《中国中古文学史》，接着是1927年鲁迅在广州撰写了《魏晋风度及文章与药及酒之关系》，再接下来就是王先生的这本书了。其间还有一些单篇文章很精彩，如宗白华的《论〈世说新语〉和晋人之美》，陈寅恪的《陶渊明之思想与清谈之关系》等。王先生其实是在那时候读书人普遍关注晋人之美、关注魏晋风度、关注中古文学生活的精神氛围中，从事自己的研究的。王先生的同学范宁在回忆文章里就说，西南联大时期，中文系的研究生几乎全做中古研究，范宁自己做魏晋小说，季镇淮做"观人论"，王先生做文学思想。这个问题，我后来曾分析过：对于抗战中撤退到大后方的读书人来说，中古的魅力某种程度在于南渡的心境。

问：在王瑶先生的学术师承里，我们一直强调王先生对鲁迅的继承。这方面有没有被后来的叙述夸大的可能呢？

答：早年王瑶先生在清华编辑《清华周刊》的时候，是一个左翼文人的身份，他那时就写过几篇关于鲁迅的文章。"文革"结束后，他再三强调与鲁迅精神上的以及学术上的联系，是有一个大的背景的,那就是整个社会对鲁迅的崇敬。就左翼立场以及对知人论世的"世"的感觉而言,他和鲁迅确实是相通的,《文人与酒》《文人与药》这两章,一看就是从鲁迅那篇文章发展而来的。学术上,王先生肯定受到了自己的导师朱自清先生的影响。但他和朱自清确实不一样,王先生对具体的文辞不是很感兴趣,诗文及审美不是他所擅长的。他偏于历史,所以他讲人心、世道、思想、潮流等时,更为本色当行。

有一个问题,我之前也提到,但没有深入讨论,那就是怎么看待他与陈寅恪的关系。王先生《中古文学史论》背后的思路明显是偏史的,其中最精彩的是对那个时候的士人生活及精神状态,还有思想潮流与文学表达的论述,这个论述背后有陈寅恪的影子在。尤其是谈陶渊明的那些篇目,非常明显。当年西南联大校园里,那些关心中古的研究生们,是如何阅读、理解、接受陈寅恪的著述的,这个问题现在还没有很好的探讨。

问:二十世纪五十年代之后,王瑶先生开始转向现代文学研究。王先生转向的契机,以及您认为王瑶先生能够成功转向的基础是什么?

答:王先生自己有过论述,是学校要他开现代文学的课,他才转向的。做检讨的时候他再三说,当初觉得研究现代文学不能"成名成家",还是希望能从事古代文学研究。在我看来,这个表述是有缺陷的。我在谈王先生的学术史意识时说过,1949年后,他如果继续做中古文学研究，也就这个样子了。其实，他的转型有外在的压力，也有内在的兴趣。这个兴趣基于几点：第一，他曾经是个左翼文人，第二，他对鲁迅非常崇拜。现代文学这个学科，尤其是五十年代以后，鲁迅神话支撑起整个学科的半边天。第三，他受朱自清先生的影响。在1929年到1933年间，朱自清在清华大学讲过"中国新文学研究"这门课，并留下了系统的讲义，王先生手头有这份讲义，后来，1978年钱理群这一届研究生进来，他把讲义交给赵园去整理，发表在上海的《文艺论丛》上，王先生还因此专门写了一篇文章。

对王先生来说，之所以转向现代文学，有外在的压力与诱惑，加上"诱惑"两个字，可能更合适些。对一个敏感的学者来说，这的确是一种新的可能性，他必须思考：整个社会转型以后，如何安身立命？其次，还有内在的知识准备和学术史意识，导致他非常容易转过来。假如真有抵触情绪，他不会那么快地完成《中国新文学史稿》。他在1949年开课，1951年出"史稿"的上册，下册是1952年5月22日完稿，1953年出版。三年之内，完成一个学科的奠基性著述，这种工作热情，很能说明问题。王先生晚年谈到对清华的怀念与迷恋，再三强调，"我是清华的，不是北大的"，其中一个重要原因是，他的两部主要著作《中古文学史论》和《中国新文学史稿》，都是在清华完成的——他最好的学者生涯，是在清华。

问：说到这两本书，我对其中述学文体的变化特别有感触。从

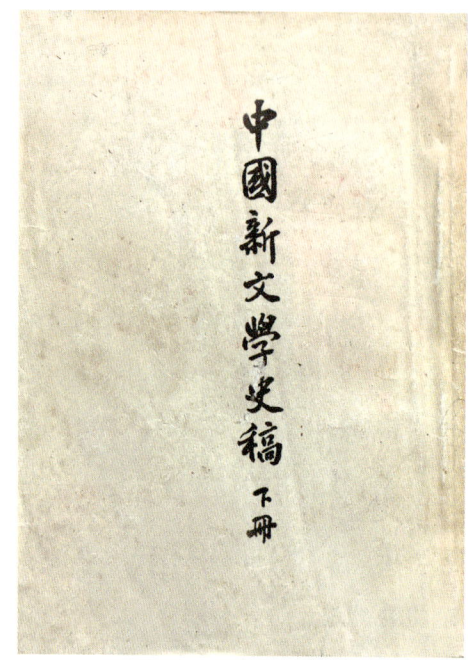

《中国新文学史稿》下册
（新文艺出版社1953年版）

《中古文学史论》到《中国新文学史稿》（下文简称《史稿》），文体截然不同。短短几年，述学文体就发生这么大的变化，这里面是否有当时"毛文体"的影响？

答：其实，对于人文学者来说，对话的对象某种程度上决定了你的风格及水平。王先生写《中古文学史论》的时候，他所面对的历史资料以及研究成果，从中古到现在，非常丰厚，并且他对话的对象是中古文人，所以其论述风格简要、质朴、古奥。而新文学是另外一种对象，需要另一种论述方式。

至于"毛文体"，虽然1949年后左翼文化成为主导，但王先生和解放区过来的文人学者不一样，不能说他深受"毛文体"的影响；他受到的是三十年代左翼文化的影响。左翼文人的白话文，基本上是一种翻译体，夹杂不少刚译介过来的马列文论的术语，还有苏联文艺理论的影响。王先生《史稿》的论述风格，是从这里来的。毛泽东的文体相对干净、简单、有力，虽然后来被大家所重复模仿而成为陈词。

还有一个因素，今天我们可能不太能理解。新中国成立初期，最关键的学校不是北大、清华，而是 1948 年 8 月成立的华北大学，此大学 1950 年 10 月改名为中国人民大学，那是从延安的陕北公学发展而来的，根正苗红，更为新政权所信赖。清华教师王瑶写《史稿》这本书的时候，某种意义上也是在转换立场，是在学习一种新的语言、文化、政治表述。后来王先生检讨说，他当时觉得理论上没把握的，就引用权威的话，从周扬到冯雪峰到胡风等等，可没想到这些人后来一个个倒下去了。

问：这本《史稿》后来的命运如何？

答：《史稿》上卷第二版的"修订小记"很有意思。我后来看王先生的检讨书才知道，上卷出来后，《文艺报》开了一个会，批评很严厉。其中有一个观点，说这不是枝节问题，而是整个立场的问题。王先生接过来说：我的立场不行，理论没学好，要思想改造多少年后才能写一本新的，但是我把资料搜集好了，且按照我的思考排列下来，"它在目前阶段发生一点'填空白'的作用"。

这表面上是一个非常谦虚的自我批评，但王先生说"我起码留下了资料"，这句话很重要。当初人家批评他，说很多东西不是你的，这边抄过来，那边抄过去，引一个马克思，又引一个高尔基，还有鲁迅，引了一大堆别人的话，这算什么学问？但是在王瑶先生心目中，生活在大转折时代，不能保证路线是正确的，但起码资料留得下去。这是古典文学研究的思路。日后王先生还说了一句话：唐人选唐诗，即便后来的人觉得有错误，但它留下了一个历史的印记，让我们知道那代人是怎么思考的。

二十世纪五十年代在他之后出版的各种新文学史稿，如丁易的、刘绶松的、张毕来的，在打倒"四人帮"以后，基本上都不能看了，但王先生的书还值得参考，这是他聪明的地方。新时代的意识形态尚在形成中，我们不能判断它的未来走向，也没有强大到自己独树一帜的地步，那就采用这个办法，保留了基本的学养和资料，让后来人在这个地方往下走。当初纯粹做现代文学的，大都相信某一种理论、旗帜或立场特别正确，拿过来就用，冲锋陷阵，大胆砍杀，留下很多遗憾；而王先生表面上"东拼西凑"的那个"史稿"，反而留了下来。这跟他在西南联大受过比较好的学术训练不无关系——即使转移学术阵地，他的史识及学养，使得其论述相当谨慎，褒贬之间，很有节制，故多年后还能读。

《史稿》从1955年起就不能再印了，而且被当作反面典型；每有政治运动来，王先生必检讨《史稿》的写作。直到1979年，这书的名誉得到恢复，王先生才开始请人协助修订，重新出版。

问：后来您和钱理群老师、黄子平老师提出"二十世纪中国文学三人谈"的课题，是否有和《史稿》进行对话的意思？

答：当年研究中国现代文学的权威，最主要的三位学者是王瑶、李何林、唐弢。唐弢虽然也主编现代文学史，但他主要做鲁迅研究以及新文学的史料整理，李何林是做左翼文学运动及鲁迅研究，对整个中国现代文学有史的整体性的思考的，是王瑶先生。我们出来挑战，肯定会影响到王先生的权威性。

"三人谈"刚出来的时候，在学界引起很大的反响。王先生第一担心我们骄傲，第二那时乍暖还寒，怕有人会打压，所以他自

《二十世纪中国文学三人谈》
（人民文学出版社 1988 年版）

己先站出来批评我们。他说你们的论述有世界主义的倾向,中国现代文学在民族文化中的根基这方面论述不够。刚改革开放的时候,出于意识形态考量,经常批判"全盘西化"。王先生特别担心我们被卷入,因为当时的文学潮流及学术倾向,往往和政治风潮纠合在一起。很多人认为是代际的差别导致王先生对我们提出批评,按照老钱的说法,王先生是"老奸巨猾"的,他知道自己先站出来说,别人就不好意思多说了。

问:关于文学史研究,王瑶先生有一个很有名的判断:文学史既是文艺科学又是历史科学。刚才您也提到,王先生自己的研究偏于历史。樊骏先生在《论文学史家王瑶》一文最后部分谈到,王先生晚年对这种偏向有一个反思:把一切的价值放置在历史流里去判断,是不是也会有所遮蔽?其实北大的现代文学研究,也在很大程度上传承了王瑶先生这种偏于历史研究的趣味与传统。对于这种偏向的得与失,您怎么看呢?

答:我进入北大念书时,中文系文学专业还有四位老先生健在:林庚、吴组缃、王瑶、季镇淮。其中,王瑶和季镇淮先生偏史,林庚和吴组缃先生则偏文。孙玉石老师曾回忆说,王先生和吴先生一起开会的时候会互相吹捧:一个是史学修养,一个是文学趣味。理论上这二者应该兼得。北大中文系的好处是,这两种路向都各有信徒,各有受众,都能被接受,都能被欣赏。

五四"文学革命"之后不久,新文化人就开始整理国故了。

这一思潮的整体思路就是使"文学研究"成为学问，要想使它成为学问，一定会往考据、历史这方面走，因为从审美角度来说，往往很难形成定论。这个问题我上课时经常提及，它有优势，也有缺憾：优势是强调整体性，突出史学品格，缺憾是对审美的层面有所忽略。清代的戴震说过：大国手门下不出大国手，二国手、三国手门下反而可能出大国手。为什么呢？大国手的气场、学养、威望，不知不觉会给学生造成巨大的压力，很容易使下面的人不能反思，更不敢反叛；可要是都照着老师的路子走，学问必定越做越小。聪明的导师不会管得太死，会释放一些空间给有才华的学生，让他们自由发展。王先生指导学生是因势利导，有的管得很紧，有的则基本不管。

作为学者，王先生是有比较大的眼光和胸襟的；但从他的整个著作来看，比起同时期北大学者林庚、吴组缃来，王先生缺乏艺术的敏感，所以他往史的方面走。这里有大学制度问题，有北大清华的学风差异，也有个人性情的因素。

问：您在《中国文学研究现代化进程》一书的"小引"中，充满感情地回忆了王瑶先生晚年开启这个学术史研究课题的情形。您最近也在写关于八十年代王瑶先生的文章。可否就此谈一谈王先生这个课题背后的一些思考？

答：关于这个课题，王先生最初想追问的是，我们二十世纪中国的人文学者为什么一代不如一代？梁启超、王国维开启的学

《中国文学研究现代化进程》第二版
（北京大学出版社 1998 年版）

问格局是很大的，可为什么后来越做越小？王先生研究古代文学，他知道看一个时代的学术成就，不是小时段，应该是中长时段，像清代三百年是个什么状态。有的时代天才成批出现，有的时代则一个都没有；若生活在后一种时代，所谓了不起的"大家"，其实也没什么了不起。最初的设想很简单，那就是王国维、梁启超那代人是在传统的学术氛围里熏陶出来的，同时又满腔热情地拥抱了西学；而三十年代之后，我们逐渐专业化了，不仅中外文学截然分开，文史哲也都楚河汉界了，这些因素导致我们的学问格局越来越小。一开始注意的是方法与学养，可随着研究的深入，发现问题远比这复杂。

最近这篇论文,我讲八十年代的王瑶,将他的学术史研究和"我是清华的,不是北大的"对照起来看。那时清华想重建中文系,向王先生请教,王先生强调清华中文系是"复办"而不是"新建"。讲"复办",那是因为我们有很精彩的传统。所以,他开始思考并论述"清华学派",在这个过程中,强调自己的清华出身,有策略性的考虑。还有就是我刚才所说的,作为学者王瑶的黄金时代,是清华十年,那是他最辉煌的时段。到了北大,前面二十多年老挨整,真正过舒心日子是到了七十年代末才开始。在学术上,王先生是有遗憾的。他老跟人说,你一定要把大的东西在六十岁之前做出来,不然的话,后面你会心有余而力不足的。"文革"结束后,你别看他很风光,其实心里颇为悲凉。不管是书信还是谈话,他再三表达这样的意思:要写的话是"垂死挣扎",不写的话则"坐以待毙",与其坐以待毙不如垂死挣扎,那我就再写一点吧。可我算了一下,1978年,王先生才六十五岁,就说力不从心;今天老钱都七十五了,还活蹦乱跳,做很多事情。主要不是身体状态,而是心境的问题。经历过长期的思想改造与洗脑,那代人其实是很悲苦的。我记得八十年代广东有个画家叫廖冰兄,他画了一幅漫画,某人被迫长期蹲在大瓮里面,习惯了,等到思想解放,把瓮打碎了,但是他再也没办法挺直腰杆站立起来。八十年代的王瑶,在北大、在学术界都是备受推崇的,别人给他戴了很多高帽,说他多么了不起。只有若干熟人或近在身边的学生,才能深切体会到他的遗憾。他四十年代写《中古文学史论》时跟季镇淮说过:"我相信我的文章是不朽的。"他那时是多么硬朗、乐观、自信,晚年的王瑶,我相信他知道自己没能完成年轻时的自我期待。

问:《中国文学研究现代化进程》(初编)中没有刘师培,是否有"影响的焦虑"?

答:不是这样。当初王先生的思路是凸显二十世纪中国学者的自觉选择,即兼及中西。因此,不收传统的文史学者。那时他觉得章太炎和刘师培是传统学者,日后随着研究的深入,我们发现,章、刘本身也深受西方学术的影响。当初"二十家"的设计就是这样的,有缺陷,但并非"影响的焦虑"。这二十家中,选择王元化争议很大,很多人认为王元化不是古典文学研究专家,他只有一本《文心雕龙创作论》(日后更名《文心雕龙讲疏》);但王先生坚持这么做,其基本立场是:王元化用西方文学理论、马克思主义立场来解读《文心雕龙》,为这个古老的学科带入了新的视野,因此他代表了一个方向,一种新的可能性,那就是既要有国学根基,又有西学修养,还得有足够的想象力和创造力,这才是一个好的学者。王先生甚至说,让王元化殿后,这样做很好,这书因而有了一种方向感。王元化先生也很认真,这篇文章前后换了四个作者,有的写不出来,有的写出来了但不理想,王元化先生说他来处理。

问:王瑶先生被朋友们断言,"除了是学者……还是一位不搞政治的政治家"。您怎么看王瑶先生的"政治"情怀？以及这种"政治"情怀对他学术研究产生的影响？

答：王先生研究中古文学，深受《世说新语》影响，有魏晋文人的风范。他特别喜欢跟友人及学生聊天，经常语惊四座。大家一鼓掌，他就更得意了，因而有很多精彩语录留下来了。比如"上课是马克思，下课是牛克斯，回到家里是法西斯"，此类流传广泛的隽语，还有好多。后来挨批判，他自己反省，说好逞小聪明。本来是逗趣、好玩，但一上纲上线就很麻烦了。可这是《世说新语》中人的趣味。与此相关的是政治及学术上的敏感。他能从《人民日报》的字里行间读出很多言外之意，然后迅速推进，并做出自己的判断。可这些东西，猜对了又怎么样？好友朱德熙先生说他做学问带有点游戏的意味，还说他对政治过于热衷，如果不是这样，学问会做得更大。后来的人为了维护王先生的形象，再三辩驳，说他这是有意为之，且无碍学问。但我是认同朱先生的看法的。

问：是不是因为这个原因，王瑶先生才会花很大精力去做现代文学学科的一些组织工作，比如中国现代文学学会和《中国现代文学研究丛刊》？

答：不能说他在学会或丛刊上花了很多精力，故影响个人著述。他的好处是识人，且能用人。比如，学会的事，大都是樊骏在管，他很放心。八十年代以后，王先生意识到自己学问的界限，开始将精力转移到扶植年轻人。当然不只王先生，当时一大批老学者都是这样的。你看王先生的《润华集》，三分之二是序，给弟子辈的乐黛云、孙玉石、蒙树宏、吴小美、黄曼君、黄侯兴、钱理群、吴福辉、温儒敏等等写序，目的是扶持，让后辈尽快成长起来。王先生去世的时候，老钱说了一句话，让我很震撼，那就是：大树倒了。生活在那个风云变幻的时代，大树的存在，可以为年轻学者遮风挡雨。大树倒了，下面一代学人就必须直接面对各种困难，这困难有政治上的，有学术上的，也有人事上的。当然，也会促使他们尽早成熟。

（初刊《北京青年报》2014 年 5 月 7 日）

（此乃作者 2014 年 4 月 24 日下午在北京大学人文学苑 1 号楼接受北京大学中文系讲师张丽华博士专访的录音整理稿）

书比人长寿
——典藏版《中古文学史论》小引

霭霭停云，濛濛时雨。八表同昏，平路伊阻。
静寄东轩，春醪独抚。良朋悠邈，搔首延伫。
东园之树，枝条载荣。竞用新好，以招余情。
人亦有言，日月于征。安得促席，说彼平生。

录陶首卷云两章小序

梦延兄雅属

乙丑孟冬王瑶书

纪念一位学者的最佳方式，莫过于读他的书。在这个意义上，真的是"书比人长寿"。筹划王瑶先生百年诞辰纪念活动时，我提议从王先生众多著作中选一本书，精校精刊，让其更为长久地流传下去。师友们聚会商议，一致推选《中古文学史论》。

除了这书很"经典"，值得苦心经营；还因此书引用大量古籍，每次重排重印，在减少若干错漏的同时，也增加了不少新的讹误。当初只是预感与推测，经过一番认真校勘，发现确实如此——今天北大版的不少错讹，棠棣版并不存在。

此书的版本情况如下：1951年8月，上海棠棣出版社刊行的《中古文学思想——中古文学史论之一》收文五篇，《中古文人生活——中古文学史论之二》收文四篇，《中古文学风貌——中古文学史论之三》收文五篇，这原本就是一书，只是因"时值建国之初，私营出版社顾虑较多，不愿出字数较多之学术著作，故循其所请，一分为三"（参见王瑶《〈中古文学史论〉重版题记》）。1956年9月，上海古典文学出版社印行《中古文学史论集》，从上述三书中选文八篇，加上《关于曹植》和《关于陶渊明》两篇新作。1982年10月，上海古籍出版社重刊此书时，又添上了《读书笔记十则》。内地之外，则有香港中流出版社于1973年分别重印棠棣三书；1975年，台湾长安出版社又将三书合成《中古文学史论》行世。至于石川忠久、松冈荣志所译之《中国の文人："竹

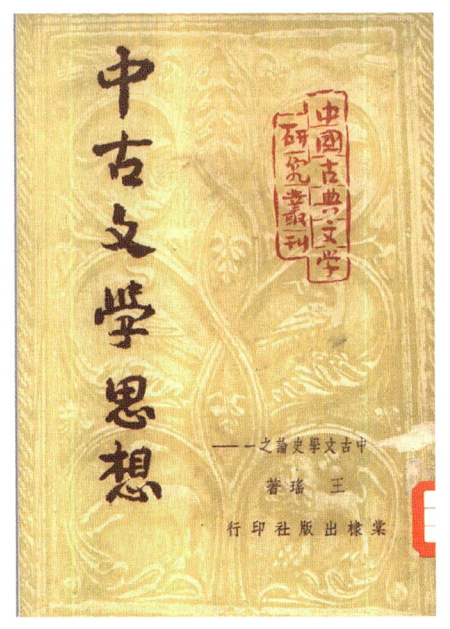
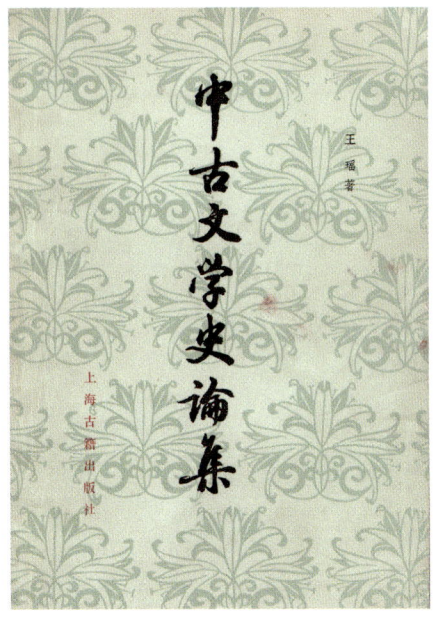

《中古文学思想》
（棠棣出版社1951年版）

《中古文学史论集》
（上海古籍出版社1982年版）

林の七賢"とその時代》，收文四篇，由东京大修馆书店1991年出版。

1986年1月，北京大学出版社推出简体横排本《中古文学史论》，棠棣三书终于在作者的授权下合璧，且做了认真校订。王瑶先生在该书"重版题记"中称："此次重版，虽经作者就全书重行校读一遍，并有所补正，但总的来说，它仍然是一部旧作"；"在付印过程中，又蒙钱理群、陆彬良二同志协助核校，多所匡正，并此志谢"。作者本人对此版本非常重视，也比较满意。日后北大1998年版、2008年版虽改变了版式，也修订了若干错误，但大致

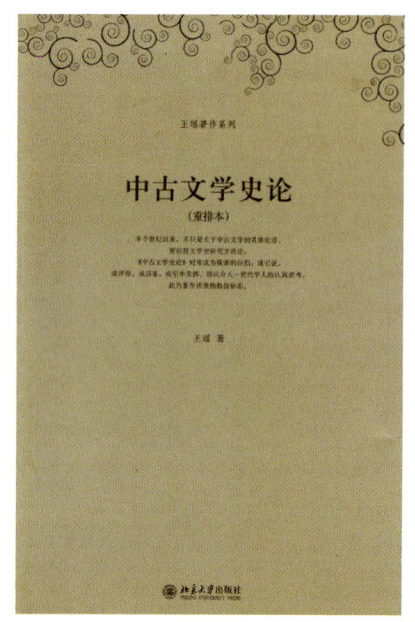

《中古文学史论》
（北京大学出版社 1998 年版）

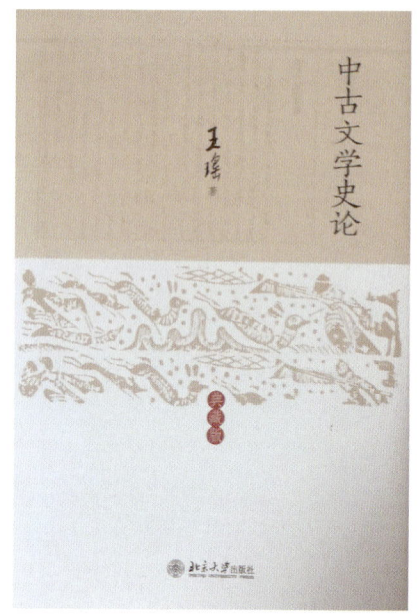

典藏版《中古文学史论》
（北京大学出版社 2014 年版）

仍属于 1986 年版系列。

王瑶先生去世后，众弟子与友人同心合力，先后刊行了七卷本的《王瑶文集》（北岳文艺出版社，1995 年）和八卷本的《王瑶全集》（河北教育出版社，2000 年），其中第一卷均收入了《中古文学史论》。编辑说明称："1986 年 1 月北京大学出版社出版《中古文学史论》，将棠棣版三册合为一书，并作了认真校订。此次刊行，采用最能体现作者原初意图、讹误较少的北大版《中古文学史论》，同时收入上海古籍出版社版《中古文学论集》的《自序》和《重版后记》。"由于此书征引古籍繁多，即便这两个出版社的编辑尽心尽力，重排本的错漏也在所难免。

不客气地说，随着此书版本的增加，遗憾只能是越来越多。因为，作为著名的现代文学史家，王瑶先生著作的校对难度往往被低估了。这个时候，确实需要一个比较权威的"定本"或"典藏版"。

这么说，并不意味着抹杀1986年北大版的贡献。从繁体竖排改为简体横排，还增加了棠棣版欠缺的书名号（原未加书名线），工作量其实很大。更何况，钱、陆二君在力所能及的范围内，还做了不少校订工作。正因此，王先生才刻意在《重版题记》中致谢。

选择最能代表王瑶先生的眼光、学养、才情与学术个性的《中古文学史论》来制作典藏版，最初曾设想直接采用棠棣版重印，后来发现不行。原因是，1986年北大版在整体结构上合并棠棣三书，可在具体文本的选择上，又采纳了不少1956年上海古典文学出版社的修订版。在《〈中古文学史论集〉自序》中，王先生称："经过了这几年来的学习，现在重读一遍，觉得内容不妥之处很多；因此又抽暇重新整理了一下，删去了约三分之一的文章，把其余的也都作了一些修改，合为一册，就是现在这本《中古文学史论集》。"这里所做的修订，主要不是基于意识形态的高压，而是学术及文章方面的考量——校正了不少错漏及若干破句，还就文章结构做了一些调整，比如《玄言·山水·田园》一文便删去了论述陶渊明的三页多（与此版收入《关于陶渊明》有关）。而王先生"重行校读一遍并有所补正"的1986年版，这一章用的是删节本，而没有恢复棠棣版。

霭霭停云濛濛时雨八表同昏平路伊阻
静寄东轩春醪独抚良朋悠邈搔首
延伫 东园之树枝条载荣竞用新好
以招余情人亦有言日月于征安得促
席说彼平生

录陶诗停云两章以应

梦熊兄雅属

乙丑孟冬王瑶书

其实，之所以提出为这本不无遗憾的"经典之作"校订引文，很大程度是托现有各种古籍数据库的福。否则，工程极为浩大，很难下这个决心。这回的具体操作过程是：先请北大出版社提供电子文本，由天津师范大学文学院高恒文教授将每段引文与数据库相比对，列出所有差异之处；再由我一条条分辨，看是否需要改动，以及如何改动。我的工作原则是：能不改的地方尽量不改，需要校改的地方，尽可能出校注。只有一种情况，我径直改过来，那就是棠棣版并没有错，是日后各版的纰漏。这样的情况还真不少，大约有七八十处（含标点及字句）。至于为何不嫌麻烦，出了230多处校记，不是炫耀博学，而是基于对前辈学者的尊重。作者引古籍时使用的版本，与今人普遍阅读的"整理本"不同，不该以今律古，随意更改。不好擅自改动，可又希望体现学术的发展，于是采用了多出校记的办法。

整个校订工作的原则及方法，如哪些改、哪些不改，怎么改，如何标示等，参见书前的"校订说明"及书后的"校勘所据书目"。需要特别说明的是，标点符号的使用，顿号、逗号、分号还是句号，长句还是短句，感叹还是疑问，所有这些标示，因时且因人而异。对照今天各种权威的整理本，本书出现差异而不做改动的，有两三百处。基本想法是，只要不破句，就尊重作者的习惯。至于若干短句，作者虽加了引号，但没注明出处，尽管与经典文本略有出入，以其无伤大雅，也就不做校改了。

高恒文教授和我都不是古典文献专家，虽然尽力而为，修订的地方不下500处（这里也有责任编辑徐丹丽的功劳），但因学识及精力所限，实在不敢夸口"完善"。

最后，我谨代表王先生诸多入室弟子，特别感谢为制作此典藏版《中古文学史论》而施以援手的高恒文教授，以及不计工本多次刊行王先生著作的北京大学出版社。

（初刊《中华读书报》2014年5月7日）

校订说明

本书以2008年北京大学出版社版《中古文学史论》为底本，参校1951年上海棠棣出版社《中古文学思想》《中古文人生活》《中古文学风貌》三书，以及1982年上海古籍出版社《中古文学史论集》、1986年北京大学出版社版《中古文学史论》。此次的工作目标是：校订所有引文，而凡属作者论述部分，除非明显的错别字，否则不做任何改动。用来核校的古籍版本，见卷末附列之《校勘所据书目》。

棠棣版竖排繁体，没有书名号；上海古籍版横排繁体，同样没有书名号；1986年北大版改简体字横排，加书名号。此次校勘，凡棠棣版没错而日后各版出现的错误，径直改过，不出校记。

今人引用陈寿撰、裴松之注《三国志》，多据中华书局1959年整理本，故称《三国志·魏书》等；而王瑶先生书中均作《三国志·魏志》等，亦无误。因各种版本不同，为了尊重历史，不做改动。

古书的句读与标示，没有一定之规，往往因人而异。作者引古书时，只要不破句，则尊重个人习惯，不强求统一。

作者加引号而未注明出处之句，虽与经典文本略有出入，然因属读书人耳熟能详的名句，大意不错，也保持原貌，不做校改。

引文中出现通假字，若不致引起误解，虽与今日通行本不同，亦不改。

其余的改动，一律出校记。原则是：凡明显错误，称据某书某版某页校改；可商量之处，则列出某书某版某页的相关文字，供读者参阅。之所以不擅作定夺，是因为无法判断作者当初使用的版本。

书中的修订符号，以［　］表示拟改，以＜　＞表示拟补，以｛　｝表示拟删。

我读鲁迅四十年
——《〈中国小说史略〉校注》后记

鲜为学术界注意的领域,本文所依据的材料和所作的论断在一般说都是有创造性的。文章立意新颖,论证严谨。虽然选择的考察角度似较细小,但能达到的科学性和学术水平是相当高的。而且就某一具体问题来探讨中国传统文化对"现代化"所可能起的积极作用来说,也是有现实意义的。但文章对"现代小说"的分析论述似不若对晚清"新小说"之详洞周密,因而在一些地方影响了所作论断的概括力。

总起来说,我认为此论文已达到博士学位所要求的水平,因此我谨加以推荐,请求校组织答辩委员会进行答辩。

签 名: 导师 王瑶
1989年5月 日

一

师友中多有著名的鲁迅研究专家,我自然得学会藏拙,平日里从不卖弄这方面的学识,更不要说精神境界了。可实际上,我读鲁迅四十年,也算是别有心得,走出了一条不太一样的路。

小时候,看父亲擦桌子,小心翼翼地挪动那尊鲁迅石膏像,明白这老头很值得尊敬。"文革"中,眼看众多现代文学家都被横扫,唯独"鲁迅走在'金光大道'上",逆反心理油然而生,对于阅读鲁迅兴趣不大。插队务农期间,虽也努力读书,但没跟鲁迅真正结缘,是我人生一大遗憾。上大学后,读书条件好多了,历经一番东奔西跑上下求索,先是对西方现代文学及文论感兴趣,直到 1982 年初在中山大学跟随吴宏聪、陈则光、饶鸿竞三位先生念硕士研究生,方才开始认真阅读鲁迅的书。

现如今,家中藏书不少,可很多深藏不露,一辈子难得打几回照面。人民文学出版社 1981 年版《鲁迅全集》是个例外,自我问学以来,一直站立在书桌边随手可及的位置。我在此书第一卷扉页写着:1982 年 9 月 3 日购于广州。考虑到那年初春我刚读硕士生,家境也不富裕,马上买下这套出版不到一年的新书,想必还是很有阅读热情的。日后虽也收藏各种版本的鲁迅著作,但最常用的还是这一版。

不时翻阅 1981 年版《鲁迅全集》，带着我整个求学过程的心境与体温。那既是经典文本，也是学科指南。此版注释虽有时代局限，但我仍将其作为现代中国的"百科辞书"使用。此书第十六卷包含"鲁迅著译年表""全集篇目索引""全集注释索引"，在没有电子检索的年代，可借此随时找到我想了解的现代中国的人物、著作、报刊、团体、事件等。且因鲁迅著述牵涉面极广，古今中外的文学知识，查找注释便可手到擒来。若需进一步探究，再去寻觅专门著述。这个阅读的秘密小径，我相信不少学中国现代文学的，都能悟出来。

在中国学界，鲁迅研究属于显学，相关著述汗牛充栋。凡研究中国现代文学的，大都以鲁迅为思考的重要支点，我也大体如此，只是表现不太突出。严格意义上，我不能算鲁迅研究专家。不要说导师王瑶先生，师友中王得后、钱理群、王富仁，还有同辈学人汪晖、王晓明、孙郁等，都比我对鲁迅有更专深的研究。而我熟悉的日本学者丸山昇、伊藤虎丸、木山英雄、丸尾常喜、中岛长文、尾崎文昭、藤井省三等，也都是一等一的鲁迅研究专家。即便如此，并非鲁迅研究专家的我，还是写下了不少关于鲁迅的论述。略为清点，几可编成一册专书：

1.《鲁迅的〈故事新编〉与布莱希特的"史诗戏剧"》，初刊《鲁迅研究》1984 年第 2 期，收入我的《在东西方文化碰撞中》（浙江文艺出版社，1987 年；华东师范大学出版社，2014 年）。

2.《论鲁迅的小说类型研究》，《鲁迅研究月刊》1991 年第 9

期,韩文译本刊〔韩国〕《中国小说研究会会报》第 34 号,1998 年 6 月,收入我的《小说史:理论与实践》(北京大学出版社,1993 / 1999 / 2005 / 2010 年)。

3.《作为文学史家的鲁迅》,《学人》第四辑,江苏文艺出版社,1993 年 7 月;日文译本刊〔日本〕《飙风》第 32 号,1997 年 1 期;收入《鲁迅研究的历史批判》(河北教育出版社,2000 年)、《鲁迅其人》(社会科学文献出版社,2002 年)、《鲁迅报告》(新世界出版社,2004 年),以及我的《作为学科的文学史——文学教育的方法、途径及境界》(北京大学出版社,2016 年)等。

4.《鲁迅为胡适删诗信件的发现》,《鲁迅研究月刊》2000 年第 10 期,收入我的《触摸历史与进入五四》(北京大学出版社,2005 / 2010 / 2018 年)。

《在东西方文化碰撞中》
(浙江文艺出版社 1987 年版)

《作为学科的文学史》
(北京大学出版社 2016 年版)

5.《经典是怎样形成的：周氏兄弟等为胡适删诗考》（一、二），《鲁迅研究月刊》2001年第4、5期；人大报刊复印资料《中国现代、当代文学研究》2001年第7、8期；收入我的《触摸历史与进入五四》（北京大学出版社，2005/2010/2018年；英文译本，Brill Academic Publishers，2011）

6.《分裂的趣味与抵抗的立场——鲁迅的述学文体及其接受》，《文学评论》2005年第5期；人大报刊复印资料《中国现代、当代文学研究》2006年第1期；《2005文学评论》，人民文学出版社，2006年1月；《十年论鲁迅——鲁迅研究论文选（2000—2010）》（南京大学出版社，2015年）；英文译本刊 Frontiers of Literary Studies in China，Volume 1，Number 2，May 2007；收入我的《现代中国的述学文体》（北京大学出版社，2020年）。

7.《长安的失落与重建——以鲁迅的旅行及写作为中心》，《鲁迅研究月刊》2008年第10期；《西安：都市想象与文化记忆》（北京大学出版社，2009年），收入我的《想象都市》（北京三联书店，2020年）。

8.《鹦鹉救火与铸剑复仇——胡适与鲁迅的济世情怀》，《学术月刊》2017年第8期。

9.《"思乡的蛊惑"与"生活之艺术"——周氏兄弟1920年代的美文》，《中国现代文学研究丛刊》2018年第1期，人大报刊复印资料《中国现代、当代文学研究》2018年第5期。

10.《学术史视野中的鲁迅与胡适》，香港《中国文学学报》第九期，2018年12月。

11.《二周还是三周——现代中国文化史上的周建人》,《中国现代文学研究丛刊》2019年第1期;人大报刊复印资料《中国现代、当代文学研究》2019年第6期。

12.《现代大学与小说史学——关于〈中国小说史略〉》,《文艺争鸣》2020年第4期;收入我的《小说史学面面观》(北京三联书店,2021年)。

这里清点的都是专论,不包括我众多现代中国小说史、散文史、学术史、文化史中随处可见的引述与评说。但稍为观察不难发现,我阅读鲁迅的视角与论述的立场远离学界主流,更多关注"学问家"与"文体家"的鲁迅,而不是阐释鲁迅何以是"伟大的

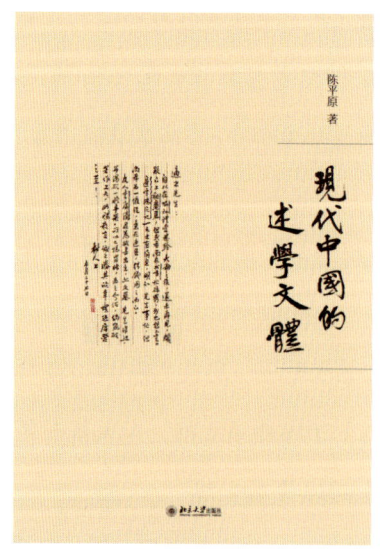

《现代中国的述学文体》
(北京大学出版社2020年版)

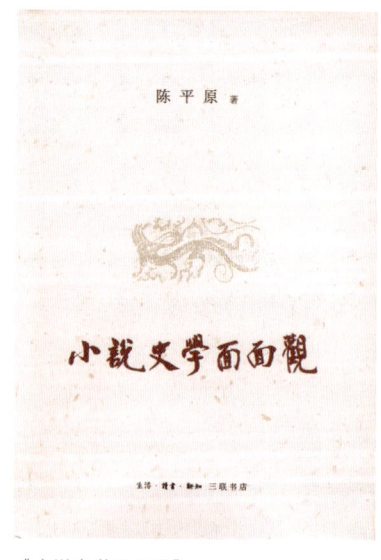

《小说史学面面观》
(北京三联书店2021年版)

《〈中国小说史略〉校注》
（浙江人民出版社 2024 年版）

文学家、思想家、革命家"。这种非典型的鲁迅研究思路，与我自己的学术路径有关——八十年代的比较文学视野，九十年代的学术史立场，新世纪的文化史与文体史研究，一直到今天，我谈鲁迅，也都更多触摸那个天才辈出的时代，而不是表彰孤零零一个伟人。这种立场，决定了我在中国的鲁迅研究界，很难得到广泛的认可。

好在我从不以"鲁迅研究专家"自居，这回为《〈中国小说史略〉校注》撰写后记，略为引申发挥，谈我阅读鲁迅四十年，借此呈现个人阅历、时代风云、思潮起伏以及师友情谊的互相纠缠。

二

我多次谈及，对于八十年代成长起来的现代文学研究者来说，比较文学的引入至关重要。我的第一部著作《在东西方文化碰撞中》（浙江文艺出版社，1987年；华东师范大学出版社，2014年），曾忝列中国比较文学学会颁发的首届全国比较文学优秀著作一等奖（1990）。"不过坦白交代，本来得的是二等奖。考虑到获一等奖的都是名满天下的大学者，获不获奖对他们无所谓，乐老师灵机一动，将一等奖变成了特等奖，我们也就顺理成章地升级了。善解人意的乐老师说，这么处理对年轻人有好处，他们需要填表。"（《大器晚成与胸襟坦荡——在〈九十年沧桑〉新书发布暨讨论会上的发言》，2021年4月14日《中华读书报》）此书乃中国现代文学论集，只不过有明显的比较文学印记。其中体现影响研究方法的有《许地山与印度文化》《娜拉在中国》，而属于平行研究的，则是《鲁迅的〈故事新编〉与布莱希特的"史诗戏剧"》。后者很能代表我硕士阶段阅读与写作的特点，用我的博士导师王瑶先生的话说，那就是"才华横溢"——"有才华是好的，横溢就可惜了。"（《有才华是好的，横溢就可惜了》，2019年9月4日《中华读书报》）

此文写于1983年10月，那时我在广州的中山大学念硕士二年级，读书不多，但思维活跃，居然能写出如此"异想天开"但又不无道理的论文来。真是初生牛犊，研究鲁迅，一上手就选择号称最难解说的《故事新编》。此前，北大名教授王瑶先生刚在中国社会科学出版社1982年刊行的《鲁迅研究》第六辑上发表《鲁迅〈故事新编〉散论》，此文乃纪念鲁迅诞辰一百周年学术研讨会上的长篇报告，收入同年北京大学出版社刊行的《北京大学纪念鲁迅百年诞辰论文集》以及第二年湖南人民出版社推出的《纪念鲁迅诞生一百周年学术讨论会论文选》，是"文革"结束后王先生最为重要的论著，直到今天还被不断引用。此文最为关键的突破，是用传统戏曲中的二丑艺术来解说《故事新编》中的"油滑"。而年少气盛的我，竟然不管珠玉在前，另辟蹊径，引入原本八竿子打不着的布莱希特，从"间离效果"入手，来解读《故事新编》。

我那篇初刊《鲁迅研究》1984年第2期的《鲁迅的〈故事新编〉与布莱希特的"史诗戏剧"》是这样开篇的：

> 二十世纪三十年代，东西方的两个伟大作家同时进行着一场伟大的艺术探索，历史上似乎很难找到两个作家，像他们那样离得那么远而又靠得那么近——这里指的不是空间的间隔和时间的契合。就体裁而言，一是小说，一是戏剧；就题材而言，一是古代，一是现代，似乎风马牛不相及。但就美学倾向而言，两者却是那么接近：同是间离效果，同是理性主义，同是喜剧情调！
>
> 这种表层结构的矛盾与深层结构的和谐的辩证统一，突出地体现在《故事新编》与"史诗戏剧"各自的理论支柱上。如果做整体把握，《故事新编》有两大支柱：一是历史的现实化，一是小说的戏剧化；"史诗戏剧"也有两

> 大支柱：一是现实的历史化，一是戏剧的史诗化。

经由一系列认真但又简陋的"平行比较"，此文的结尾是：

> 鲁迅的《故事新编》和布莱希特的"史诗戏剧"，把现代艺术的理性、抽象与民间艺术的单纯、自然结合起来，矛盾空泛博大，主题单纯深邃，似乎很简单，三言两语就可以说完，又似乎很复杂，千言万语也说不清；似乎很透明，一望到底，又似乎很浑厚，望不到边，探不到底。对这样内涵丰富的艺术珍品，有必要运用不同的方法、从不同的角度进行研究，本文只是切了两种艺术探索相接的一个面进行考察，至于探索者整个的创作历程、创作思想和创作个性，则不是本文论述的范围。

多年后重读，我还是感叹自己当初的勇猛精进。此文立意不错，但学养欠缺，论证粗疏，在学术史上没能留下深刻印记，但我相信王先生读后，对此等自由驰骋的思路以及大开大合的笔墨，会留下深刻印象。

围绕二十世纪三十年代中国左翼文艺运动中"两个口号"的论争，改革开放初期，李何林主持的鲁迅博物馆的鲁迅研究室，与沙汀和陈荒煤主持的中国社科院文学所鲁迅研究室展开了激烈论战，前者因其地处北京西部的阜成门而被称为"西鲁"，后者因地处京城东部的建国门被称为"东鲁"。此外还有代表冯雪峰立场的人民文学出版社鲁迅著作编辑室,因其地处朝阳门内,简称"中鲁"。对于像我这样的外省青年来说,雾里看花,完全看不懂,更不会主动介入。日后到北京读书及工作,发现我的朋友圈基本属于"西鲁",而当初刊发我论文的则是"东鲁"。"东鲁"的《鲁迅研究》集刊及双月刊由鲁迅研究学会主办,中国社会科学出版社刊行,可惜现在已经不存在了;"西鲁"的《鲁迅研究动态》1982—1985年不定期发行,1986年起改为月刊,1990年改刊名为《鲁迅研究月刊》,现在仍然很活跃。

撰写《鲁迅的〈故事新编〉与布莱希特的"史诗戏剧"》时,我刚刚入门,没有多少学术积累,关于布莱希特的史诗戏剧更是现炒现卖,因我不懂德文,用的都是中译本。没想到此文发表后,引起香港中文大学中文系黄继持教授的强烈兴趣,竟专门跑来中山大学研究生宿舍找我聊天,还送我一大堆中外文的布莱希特研究资料。实在很惭愧,我辜负了他的期望,没能在这个题目上进一步开拓进取,更不敢再涉足布莱希特研究。

三

我谈鲁迅的文章,传播最广且影响较大的是《作为文学史家的鲁迅》。此文撰成于1993年,可要想溯源,必须从六七年前说起。记得是1986年岁暮的一个晚上,王瑶先生让我看中国社会科学院编印的《学术动态》第279期,上面刊有他在全国社会科学

"七五"规划会议上的发言,题目叫《王瑶教授谈发展学术的两个问题》。其中最关键的是下面这段话:"从中国文学研究的状况说,近代学者由于引进和吸收了外国的学术思想、文学观念、治学方法,大大推动了研究工作的现代化进程。……从王国维、梁启超,直至胡适、陈寅恪、鲁迅以至钱锺书先生,近代在研究工作方面有创新和开辟局面的大学者,都是从不同方面、不同程度地引进和汲取了外国的文学观念和治学方法的。他们的根本经验就是既有十分坚实的古典文学的根底和修养,又用新的眼光、新的时代精神、新的学术思想和治学方法照亮了他们所从事的具体研究对象。"这个发言很受重视,好多朋友劝他把这作为一个学术课题来经营,可他精力不济,希望有更多年轻朋友参加,我当即表示愿意加盟。第二年夏天,我博士毕业留校任教,投入王先生主持的"近代以来学者对中国文学研究的贡献"这个国家社科基金项目(参见《王瑶先生的最后一项工程——〈中国文学研究现代化进程〉小引》,《书城》1995 年 3 期;《中国文学研究现代化进程》,北京大学出版社,1996／1998 年)。

当初关于近现代学者二十家的选择,还有各章作者的敲定,都是王先生亲力亲为。我被指定撰写鲁迅与胡适两章,一开始颇为忐忑,因王先生的名著《中古文学史论》乃承继鲁迅《魏晋风度及文章与药及酒之关系》而来,且对于"学者鲁迅",王先生是有自己一整套看法的。看我有点迟疑,王先生笑着说:怕什么,有我保驾护航呢。说完,随手递给我陕西人民出版社 1981 年版《鲁迅小说史大略》,要我拿回去参考。此乃鲁迅在北大课堂的第一份讲义,整理本附录原西北大学中文系单演义教授的《关于最早油印本〈小说史大略〉讲义的说明》,由此引发我对北大课堂/讲义与鲁迅学问关系的长期关注。

岳父刘岚山是诗人、编辑家,听说我要研究学者鲁迅,从书柜里拿出珍藏多年的1930年5月北新书局第7版《中国小说史略》,此乃毛边本,保存完好,虽不是关键版本,也都值得珍惜。专业上岳父帮不上忙,但他推荐我去找隔壁楼道的鲁迅研究专家林辰先生,那是他在人民文学出版社的同事及好友。林先生著有《鲁迅事迹考》《鲁迅述林》,参与编辑注释《鲁迅全集》,其《鲁迅辑录〈古小说钩沉〉的成就及其特色》(《文学评论》1962年第6期),对我日后谈论作为文学史家的鲁迅大有启发。

完成《千古文人侠客梦——武侠小说类型研究》,调整好心态,我开始钻研学术史上的鲁迅。作为试探之作,结合那时我正从事的小说类型研究,我撰写了《论鲁迅的小说类型研究》,感觉效果不错,这才开始动笔撰写《作为文学史家的鲁迅》。此文以"清儒家法""文学感觉"与"世态人心"三个关键词来描述作为文学史家的鲁迅,论述颇为深入,可我本人更看重第五节"学界边缘":探讨鲁迅晚年文学史著述的"中断",由此窥测其学术思路。文章是这样结尾的:

> 此后十年,鲁迅大致执行此方针,写下大量于国于民"有益的文章"。只是"余暇时做"的文学史著述,不免因此被冷落——不仅因无法投入大量时间和精力,更因

> 杂感的思路本就不适于学术研究。在鱼与熊掌无法兼得的情况下，鲁迅选择了杂文；只是对放弃自认擅长的文学史著述于心不甘，故不时提及。作为一个如此成功的杂文家，很难设想其能同时"冷静"地穿梭于古书堆中。君子求仁得仁，后人无权妄加评说；只是少了一部很有特色的《中国文学史》，总是一件令人遗憾的事。

如此曲终奏雅，虽说是水到渠成，可也包含某种个人感慨，其中奥秘，或许只有放在二十世纪九十年代的特殊语境，且参照我的《学者的人间情怀》（初刊《读书》1993年第5期），才能充分领会。

此文刊出后，中外学界一片叫好，眼界很高的神户外国语大学中岛长文教授亲自操刀，将其译成日文，刊《飙风》第32号。作为日本著名鲁迅研究专家，中岛先生曾翻译《中国小说史略》（东京：平凡社，1997年），至今我的书柜里还藏有他题赠的大书《中国小说史略考证》。此书内页写着："谨以此书献给王得后先生。"这不是某大书局的公开出版物，而是作者2010年9月30日根据本人连载于《神户外大论丛》和《中国文学报》的诸多论文抽印本合订而成，我们得到的是"限定四十部之十八部"。

四

王瑶先生对于"学者鲁迅"的承继并非只是具体见解,更重要的是文学史研究的方法论。《〈中古文学史论〉重版题记》对此有专门阐述:

> 鲁迅对魏晋文学有精湛的研究,长期以来作者确实是以他的文章和言论作为自己的工作指针的。这不仅指他对某些问题的精辟的见解能给人以启发,而且作为中国文学史研究工作的方法论来看,他的《中国小说史略》《汉文学史纲要》《中国新文学大系小说二集序》等著作以及关于计划写的中国文学史的章节拟目等,都具有堪称典范的意义,因为它比较完满地体现了文学史既是文艺科学又是历史科学的性质和特点。

类似的表述,多次出现在王瑶先生八十年代撰写的诸文中,既是"自报家门",又阐发了学术理想;当然,也可作为先生一生治学的自我总结(参见河南大学出版社 1996 年版《先驱者的足迹——王瑶学术思想研究论文集》中樊骏的《论文学史家王瑶》及钱理群的《王瑶先生文学史理论、方法描述》等)。作为及门弟子,我对此深有体会。

二十世纪九十年代,我在北大中文系曾三次开设《鲁迅〈中国小说史略〉研究》专题课(1992/1995/1999),有通读全书,有注重明清部分，有专门研读注释，也有接着说的——但不管哪种路径，我都会强调文学史观及方法论。可惜那时不用电脑写作，讲课大纲及参考资料等全都不知放置何处，一时半会找不到。

约略与此同时，中国艺术研究院刘梦溪先生为河北教育出版社主编"中国现代学术经典丛书"，拉我入伙。这套主要在1996年8月推出的大书，我负责《章太炎卷》和《胡适卷》，此外还有《鲁迅、吴宓、吴梅、陈师曾卷》中的鲁迅部分。针对1996年底《中华读书报》刊登刘梦溪先生为这套丛书撰写的总序《中国现代学术要略》，李慎之先生在《开放时代》1998年10月号上发表了《什么是中国现代学术经典》。李先生认为，只有融入了西方的"民主"与"科学"的学问，才能列为"现代学术"；而在他看来，马一浮了无新意，钱基博也太老旧了，应该选的是谭嗣同、孙中山、陈独秀。至于谈鲁迅，与其选《中国小说史略》，还不如选《阿Q正传》。如此立说，明显是从革命家立场出发，注重政治与思想，忽略学问的价值。李先生的批评，有的很深刻，比如谈"学术经典"不该独尊人文学，应该兼及社会科学乃至自然科学；有的则很偏颇，比如将《阿Q正传》看作中国现代学术经典（参见《"学术文"的研习与追摹》，《云梦学刊》2007年第1期及人大报刊复印资料《中国现代、当代文学研究》2007年5期）。

按照丛书体例，我必须撰写一则一千多字的《鲁迅先生小传》，描述传主的学术风貌。如此言简意赅，需要举重若轻，实在不容易。当初颇费心思，斟酌再三，至今读来，还是能站得住。这篇"小传"的后半部分，涉及我对学者鲁迅的大致评判：

先生文名甚高,以致作为学者的深厚功力及独特见解,为其文名所掩。从1907年撰写《摩罗诗力说》起,先生一生发表许多精彩的文学论文。作为一位卓有成就的小说家,先生深知创作甘苦,品评作品常能体贴入微,道常人所未能道。而对中国历史及中国文化的洞识,更使其文学论文有深厚的历史感。

先生一直有意从事中国文学史的写作,并为此积极准备,直到去世前不久还在购买文学史的资料。20年代,先生撰写了带有开山意义的中国文学专史——《中国小说史略》,又完成部分文学通史的写作——《汉文学史纲要》,二者都是现代学术史上的经典之作。然先生抱负甚大,此后发表的《魏晋风度及文章与药及酒之关系》和《〈中国新文学大系〉小说二集序》,在研究思路和史识上,都有超越前两书之处。先生在30年代多次表示希望完成一部完整的中国文学史,而且已有了若干章节的写作方案,只可惜终成广陵散。

先生撰史,主张先从长编入手,但又强调文学史不同于资料长编。前者体现其与清代朴学家的精神联系,后者则凸现其超越清儒的现代学术品格。先生治学重校勘辑逸,力图掌握大量第一手资料,反对空发议论。《中国小说史略》之所以难以超越,其中一个重要原因是,先生此书是以辑校《古小说钩沉》《唐宋传奇集》和《小说旧闻钞》三书为其根基,非同时众多率尔操觚的才子可比。先生治史，善于抓重点文学现象，并由此深入开掘，大处着眼，小处落笔，确是大家风范。

先生晚年很少写作学院派的学术论文，但其杂文中仍不时体现其文学史思考。只是由于杂文体式的限制，必须换另一种阅读眼光，方能理解和欣赏先生的学术思路。

我对《中国小说史略》情有独钟，曾自告奋勇做"笺证本"，想将鲁迅以前关于小说史研究的成果全都融合在内，做成一个学科创立及成长的标本，可惜没有成功。倒是应李庆西兄之邀，制作《(名著图典)中国小说史略》(浙江文艺出版社，2000年)，反而让此名著"图文并茂"的愿望很快实现。

1988年11月18日，我在海淀文化书社购得杨宪益、戴乃迭合作翻译、北京外文出版社1982年第3版第2次印刷的英文版《中国小说史略》(A Brief History of Chinese Fiction)。当初选购此书，不是为了学英文，而是看中那22幅铜版印制的插图。二十世纪九十年代初访问日本，收到东京大学教授丸尾常喜赠送的译作《中国小説の歴史的変遷——魯迅による中国小説史入門》(凯风社，1987年)。此书印制之精美，兼及版式、纸张与插图。这让我大受刺激，希望有图文并茂、可观可赏可读可玩的"史略"，能长期屹立在我的书桌上。浙江文艺版开本及图像偏小，不尽如人意，但愿这回浙江人民版能让我扬眉吐气。

2021年底，北京三联书店推出我的《小说史学面面观》，其中第一章《现代大学与小说史学——关于〈中国小说史略〉》是根据我此前的若干文章改写的，没有多少新意。倒是此书"小引"中这段话有意思：

> 在中国，"小说评论"早已有之，"小说史学"则只有一百年历史。具体说来，1920年可视作中国"小说史学"的元年。理由何在？这一年的7月27日，胡适撰写了影响深远的《〈水浒传〉考证》，收入1921年12月上海亚东图书馆版《胡适文存》；这一年的8月2日，鲁迅被蔡元培校长聘为北京大学讲师，专门讲授中国小说史，1920年12月24日第一次登上北大讲台。一是发凡起例引领风气的长篇论文，起很好的示范作用；一是现代大学设立的正式课程，可培养无数专业人士。

经由鲁迅、胡适等新文化人的积极推动，作为"学术研究"的"小说史学"迅速崛起，百年之后，已然蔚为奇观。就在"小说史学百年"这个节骨眼上，因新冠疫情改为线上授课，促使我完成了《小说史学面面观》这册小书。

五

进入二十一世纪，我关于鲁迅的阅读与写作有更多面向的展开，但都不在主流视野中。《鲁迅为胡适删诗信件的发现》与《经典是怎样形成的：周氏兄弟等为胡适删诗考》，主要着眼点是新诗如何经典化，对于胡适研究的意义远大于鲁迅研究。《长安的失落与重建——以鲁迅的旅行及写作为中心》，涉及的话题很有趣，那就是考辨鲁迅1924年的西安之行，除了努力钩稽、复原鲁迅的《杨贵妃》小说或戏剧创作计划，我着重阐述：作为思接千古、神游万仞的小说家，到底该如何复活那已经永远消逝了的"唐朝的天空"，以及怎样借纸上风云，重建千年古都长安。与众多相信鲁迅无所不能的研究者不同，我认为鲁迅对作为城市的"古都"颇为漠然，而对作为历史的"古人"极感兴趣，故其知识储备及敏感点，必定在"时间"而非"空间"。如何"遥想汉唐盛世"，靠传世诗文来复原唐代长安的生活场景，虽也有效（如日本学者石田幹之助的《长安之春》），却不无局限。对"古都"的想象与复原，需要历史、考古、建筑、美术等诸多学科的支持。从收藏以及阅读不难看出，鲁迅有史学的眼光、美术的趣味以及金石的学养，但对日渐崛起的考古学、建筑史以及壁画研究等，相对陌生。文章结尾是：

> 鲁迅放弃长篇小说或多幕剧《杨贵妃》的写作，对后人来说，毫无疑问是一种遗憾；可经由对这一"故事"的剖析，呈现城市记忆、作家才识以及学术潮流之间错综复杂的关系，进而促使我们探讨古都的外在景观与作家的心灵体验之间的巨大张力，思考在文本世界"重建古都"的可能性及必经途径，未尝不是一件好事。

此文写作时间很长，2006年10月初稿，提交给当年11月1—6日在西安举办的"西安：历史记忆与城市文化"国际学术研讨会，那是我与王德威合作主持的系列会议之一，必须身先士卒，拿出像样的成果。此文2007年12月修订一遍，不过瘾，2008年7—9月再次上马，前后琢磨了三年，方才最后定稿。

同样推敲多年的是初刊《文学评论》2005年第5期的《分裂的趣味与抵抗的立场——鲁迅的述学文体及其接受》，最初是2001年11月9日演讲于日本东方学会第51届年会，2002年12月20—29日二稿于台北长兴街客舍，2003年12月25—31日三稿于京北西三旗，2005年1月6—10日定稿于京西圆明园花园。谈论学者鲁迅，不仅表彰《中国小说史略》的开创意义，我更希望关注鲁迅的学术理想、治学方法，乃至其别具一格的述学文体。论文前三节"文体家的别择""论著、杂文与演讲""古书与口语的纠葛"，依旧中规中矩，自认为最具突破意义的是第四节"直译的主张与以文言述学"：

> 宁可译得不太顺口，也要努力保存原作精悍的语气，这一翻译策略的选定，包含着对于洋人洋书的尊重；同理，对于古人古书的尊重，也体现在述学文体的选择。……辨析传统中国学术时，弃白话而取文言，这与翻译域外文章时，尽量保存原有的语气，二者异曲同工。或许，在鲁迅看来，一个民族、一个时代的文学或学术精神，与其所使用的文体血肉相连。换句话说，文学乃至学术的精微之处，

不是借助,而是内在于文体。

……世人之谈论"文体家"的鲁迅,主要指向其小说创作;而探究"鲁迅风"者,又大都局限于杂文。至于鲁迅的"述学之文",一般只从知识增长角度论述,而不将其作为"文章"来辨析。而我除了赞赏《中国小说史略》在现代中国学术史上的贡献,还喜欢其述学文体。在我看来,二十世纪中国学术史上,章太炎的《国故论衡》、梁启超的《清代学术概论》以及鲁迅的《中国小说史略》,都是经得起再三阅读与品味的"好文章"。

直到今天,我还是坚持这个论断,而且认为,这种"文学乃至学术的精微之处,不是借助,而是内在于文体"的研究思路,有很大的生长空间。这个话题,在我的《现代中国的述学文体》(北京大学出版社,2020年)中,有更进一步的阐释。

六

若问我的鲁迅研究有何特点,看得见的是注重"学者鲁迅",比较隐晦的是并不独尊迅翁。十年前,接受媒体采访,谈我的家庭背景、求学经历、师承以及文体,何时提出"压在纸背的心情",以及为何同时经营专著与随笔等,这些都很平常,只是问及"如果要您在五四时代的人物中择一而交,您会选择谁",我的回答出了问题：

> 在《中国现代学术之建立》及《触摸历史与进入五四》等书中，我再三强调，晚清一代和五四一代，从人际关系到思想学问，都密不可分。因此，我要求我的研究生必读八个人的文集：蔡元培、章太炎、梁启超、王国维、周树人、刘师培、周作人、胡适。故意不按各自登台表演的时间，而是出生年月排列，你一下子就明白，那个时代的思想／文化／学术是如何"犬牙交错"的。既然是"尚友古人"，为何要求"择一而交"呢？又不是男女之间谈恋爱。作为研究者，我多次谈及晚清以及五四的魅力——这个魅力来自思想、学问，也来自人格力量。不愿意"择一而交"，但私底下，我确实说过这样的话：读鲁迅的书，走胡适的路（侯思铭：《陈平原：读鲁迅的书，走胡适的路》，《经济观察报·书评增刊》第19期，2011年9月5日）。

说是八人，但因王国维与刘师培的学问比较专门，常在我及我的研究生们眼前晃动的，主要是其他六人——谈及晚清与五四，不管什么题目，都必须考虑他们的立场及反应。前半段没问题，引起争议的是最后一句。虽然我解释"读鲁迅的书，走胡适的路"的说法乃互文修辞，还是会被抗议：难道胡适可以跟鲁迅相提并论？

我知道很多人不喜欢这个说法，认为这么说贬低了鲁迅。可我确实认定，研究现代中国文学、文化、思想、学术乃至政治，最合适拿来与鲁迅相提并论的，还是胡适。基于此信念，我曾在香港中文大学（2014年秋）与北京大学（2015年春）为研究生开设专题课"鲁迅与胡适"。不同点在于，在港中大我多讲鲁迅，因那边没有这方面的专门课程；而在北大，鲁迅研究是主流，我必须更多为胡适辩护。

近年所撰几篇涉及鲁迅的文章，如《鹦鹉救火与铸剑复仇——胡适与鲁迅的济世情怀》（2017）、《学术史视野中的鲁迅与胡适》（2018）、《"思乡的蛊惑"与"生活之艺术"——周氏兄弟1920年代的美文》（2018）、《二周还是三周——现代中国文化史上的周建人》（2019），自认为都写得不错；当然，最得意的还是第一篇——讨论铸剑复仇与鹦鹉救火到底哪种策略更有效或更值得推崇，以及"杂感"与"论文"的缝隙如何积淀乃至内在限制了鲁迅、胡适各自的政治立场、精神气质与论述方式：

> 就以鲁迅与胡适这两位深刻影响现代中国思想文化进程的伟人来说，其差异性几乎一目了然，可你很难非此即彼。具体的应对措施，确有对错与高低；但基本立场没有太大的差异，裂缝主要缘于理想与现实、激进与保守、言论与行动、自我与社群，乃至阴阳柔刚的性情等。……理解这两种不同的人生道路与理论模型，但不将其绝对化、理想化、本质化，而是承认二者常处于流转变动中，各自都在根据时代潮流与自身志趣不断地调整方向，以达成最

佳的精神及工作状态。

鲁迅是我的精神导师，同样，胡适也是我的精神导师。这么说，估计很多人不能接受，他们更习惯于"独尊一家"，非此即彼。可我的"万神殿"里，供奉的远不只一两个偶像。不同偶像之间会有缝隙与矛盾，这个时候，你可以左顾右盼、互相敲打与质疑，借此锻炼自家的心智与境界。

读鲁迅／胡适的书，不一定走鲁迅／胡适的路，有时候是个人能力有限，有时候则是外在条件不允许。与其高自标树，尽说漂亮的空话；不如脚踏实地，做些力所能及的好事。这里包含我对大道朝天、文化多元性的理解，还有对人生局限性的深切体会。

2022 年 1 月 17 日于京西圆明园花园

（初刊《扬子江文学评论》2022 年第 3 期）

我的教育理念及实践

北京大学
博士学位论文学术评议书

论文题目：论传统文学在小说叙事模式转变中的作用——从"新小说"到"现代小说"

姓名：陈平原　　专业：现代文学专业　　入学时间：1984年9月

指导教师姓名：王瑶　　职称：教授　　所在单位：北京大学中文系

评阅人姓名：　　　　　　　　　　　　　所在单位：

本文在充分掌握材料的基础上，从小说叙事模式的角度考察了从晚清开始到五四新文学崛起中现代小说由古代小说的转变过程，并具体分析了中国小说在受到西洋小说的影响发生变化时所引起的中国传统文学各种文体对这种变化所起的作用。究所研究的是文学形式的变化（叙事时间、叙事角度、叙事结构），但通过具体的分析和叙述过程，说明在小说的"现代化"过程中传统文学所起的作用是非常重要的。这不仅指对大景小说的继承关系，而且是传统文学的诗词、笔记、游记、传记等对这种转变起了积极的促进作用。目前学术界关于古典文学和现代文学的研究尚处于彼此分工文献的局面，对于二者之间固有的联系或"桥梁"的揭示是必要的。陈平原的博士论文在这方面做出显著的成绩，方面的贡献值得重视。一章是从这个角度反复肯定的论述也基本上是充分有用开拓性，在文字表达方面的分析与写作和亦不易做到。所是

年　月　日

我不是传统意义上的"教育家"，因既不是教育部长，也没创办过几所学校，甚至未曾在大学的教育学院任职，若需自报家门，只能是北京大学中文系教授。而且，我的大部分学术成果及奖励，还有诸多重要的学术头衔，都主要基于我在中国文学研究方面的业绩。虽然大家承认你视野开阔，兼及文史，纵横古今，跨学科著作也不少，可到了填表，还是只能老老实实填一级学科"中国语言文学"、二级学科"中国现当代文学"。

可人生除了填表，还有一些重要的工作经验及体会值得诉说，在我，那就是教育理念及实践。首先，我自认为是称职的好老师。我们家三代教书，祖父教私塾，父母亲教中学、中专，我教大学。而且，我教书一辈子，阅历丰富，十六岁下乡插队，当民办教师，从小学一年级教到初中毕业班，这一经历对我日后谈论中国教育以及编写语文或乡土教材，有很大帮助；1987年北大博士毕业，以后就一直在大学教书，除了北大，还有国内外若干大学的教学经历。我曾经说过，科研考核容易，数数论文及著作，基本上就可以了；至于教学用不用心，只有天知地知，你知我知。记得刚留校任教，我的导师王瑶先生便告诫：在大学教书，站稳讲台是第一位的。到今天为止，教学方面，我获得过北京市教学优秀成果一等奖（2005）、北大十佳教师（2006）、北京市教学名师（2009）、北京大学优秀研究生指导教师（2023）等。

2006年12月31日午夜，北大百年纪念讲堂正举行"北大十佳教师"颁奖典礼，我作为获奖教师代表发言，题为《"专任教授"的骄傲》："这些年来，除了专业研究，我还关注大学教育问题。其中，最让我感到痛心的是，教师这一职业的'荣誉感'正在急遽滑落。……在很多人眼中，像我这么个年纪，即便没混上省长、市长，也得弄个校长、院长当当……对此，我一点也不感觉难堪，甚至还不无得意，说这才叫'专任教授'。能为自己的职业感到骄傲，这是前世修来的福气。"

这篇文章初刊2007年1月16日《人民日报》，后收入我的《花开叶落中文系》增订版。一个月前，人民文学出版社举办新书发布会，提问环节，有读者问及我的读博经历以及指导研究生细节，人民文学出版社剪辑成短视频，在网上广泛传播，推出十天，阅读量35.1万，转发量1.7万，大大出乎我和出版社的意料。还有人专门来电询问，你说你每周都跟自己指导的研究生吃一次饭，是真的吗？我告诉他已经二三十年了，只要在京，就坚持这么做。不过不是在饭馆，而是在办公室，且各自打饭，主要目的是聊天。在我看来，专业问题，课堂上解决；私下闲聊，不设题目，上天入地，这才叫"熏陶"。学生天资、性情、机遇不同，无法保证每个人都成才；但当老师的，尽最大可能扶正祛邪，助力成长。这里没有一定之规，也不是理论问题，关键在愿不愿意花时间，能否设身处地，体贴但不纵容，跨越代际鸿沟，跟他们一起成长——这么说并非矫情，每代人都有自己的长处与局限；带学生起码使得我心态较为年轻，不怎么故步自封。

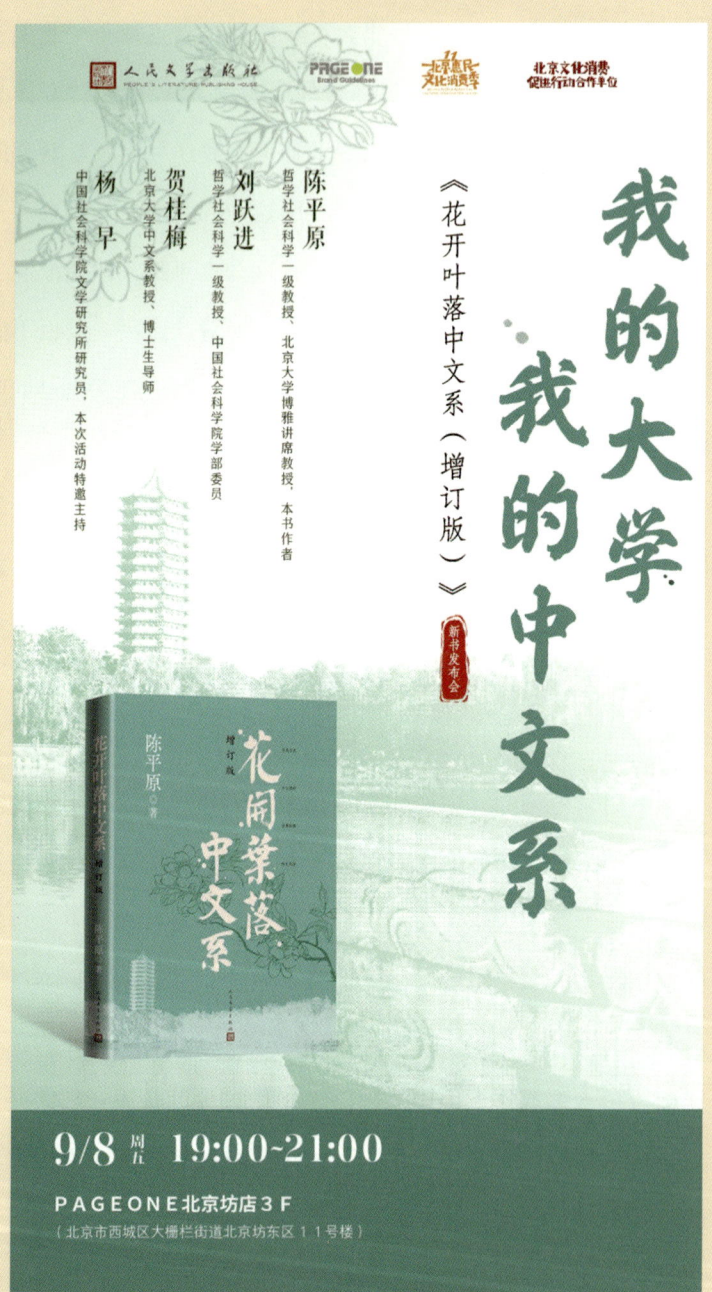

人民文学出版社新书发布会海报

在人民文学出版社新书发布会 1

在人民文学出版社新书发布会 2

走出大学校园，关注中国教育，2013年我获搜狐教育年度盛典的"中国教育变革人物奖"，2014年参与创立中国教育三十人论坛——除了我和清华大学钱颖一，其他人都是教育专家。因术业有专攻，我的教育研究及实践，能做的事其实不多，姑且戏称为"上天入地"。所谓"上天"，就是利用国务院参事室/中央文史研究馆这一平台，开展大学调研，撰写教育建议，上交国务院领导参考。你问我有没有效果，我不知道，因从不过问领导批复及落实情况。

我更有兴趣的是"入地"，那就是以大学教授身份，介入中小学教育改革。早年参加北大与人民教育出版社合作编写的中小学《语文》教材，负责高二年级，以及主编《语文（选修）·中国小说欣赏》，还有就是与郭预衡、章培恒合作主编中华书局版《语文》（小学及初中，共18册，2005年12月），这些都算不上成功。自认为做得比较好的，第一，与林伦伦、黄挺合作主编《潮汕文化读本》（共4册），广东教育出版社，2017年1月初版，已多次重印；第二，与蒋述卓合作主编《中国语文》初中及高中教材（连同教师用书、学生用书，共36册），澳门教育及青年发展局/广东教育出版社/澳门启元出版社，2022年8月全部出齐。后者所谋者大，得到上级部门的鼎力支持，只是刚刚启用，且牵涉面广，最终效果如何，有待评估。前者基于我对全球化时代如何保护文化多样性的思考，认定兼及国际视野与乡土情怀，才是现代人所追求的理想的知识结构。这个工作效果很好，也有好些朋友愿意跟进。

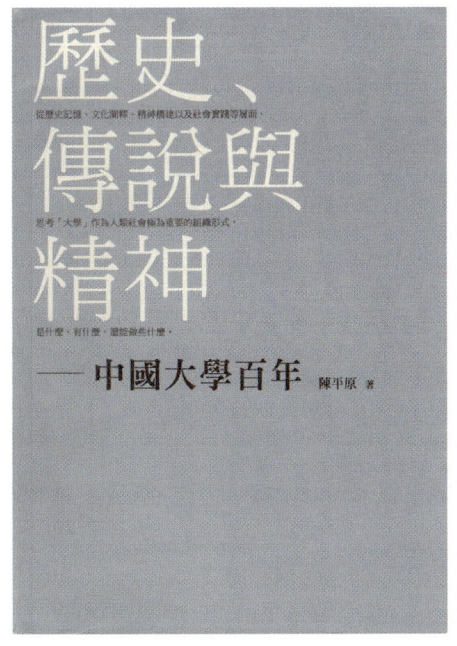

《历史、传说与精神——中国大学百年》
（香港三联书店 2009 年版）

我的专业著作多有获奖并外译的，谈大学的图书则不同，除了《中国大学十讲》获第三届全国教育科学研究优秀成果奖二等奖（2006）、《现代中国大学的历史、传说与精神》获北京市第十一届哲学社会科学优秀成果奖二等奖（2010），其他都属于"市场图书"——主要面向普通读者而非教育专家，并非论证严密的"专著"，而是发人深思的"文章"，好读，专业性不强，但社会影响大。

这就说到我为何关注教育问题。我不想说"21世纪是教育的世纪"那样的大话，因那既无法证实，也无法证伪。在中国，争辩教育得失，不专属于教育家或教育史家，而是每个知识分子都可以或必须承担的权利与义务。我多次提及，若真正关心中国命运，不妨就从教育入手。因教育的得失成败，预示着中国的未来；更因国人言说教育的姿态，蕴涵着我们思考问题的方式，或者说文化基因。我的能力很小，主要关注的是中国大学。在《大学何为》的"自序"中，我谈及自己的工作目标——从历史记忆、文化阐释、精神构建以及社会实践等层面，思考"大学"作为人类社会极为重要的组织形式，是什么、有什么、还能做些什么。

1998年，我合编的《北大旧事》以及撰写的《老北大的故事》刊行，学界与市场反应很好，不少朋友感到意外，以为我要转行，我于是发表《辞"校史专家"说》（《新民晚报》1998年5月10日），其中有这么一段："从学术史转入教育史，对我来说，乃顺理成章。或者说，从事学术史、思想史、文学史的朋友，都是潜在的教育史研究专家。因为，百年中国，取消科举取士以及兴办新式学堂，乃值得大书特书的'关键时刻'。而大学制度的建立，包括其蕴涵的学术思想和文化精神，对于传统中国的改造，更是带根本性的——相对于具体的思想学说的转移而言。"

北大出版社2009年版《大学有精神》以及香港三联2009年版《历史、传说与精神——中国大学百年》，书前均有一"代自叙"，题为《我的"大学研究"之路》，除了介绍我的博士论文《中国小说叙事模式的转变》（1987）原本有一章专论"从士大夫到留学生"，洋洋洒洒好几万字，最后没把握，删繁就简，成了"导言"第四小节。功夫没下足，文章做不好，但我坚信，自己的思路没错——谈新文学或新文化运动，必须将其与新教育联系起来。如此起点，使得我的大学史研究始终跟专业的教育史家不同，带有明显的问题意识。比如，学以救弊，不同时代有不同的"弊"，需要学者去直面乃至抗衡。此前我强调开眼看世界，二十世纪九十年代以后，"接轨说"渐成主流，从官员到学界到大众，恨不得直接拷贝某著名西方大学，我转而提醒"今天谈论大学改革者，缺的不是'国际视野'，而是对'传统中国'以及'现代中国'的理解与尊重"。

在《阅读大学的六种方式》(节本刊《解放日报》2009年2月9日，全本刊《社会科学论坛》2009年第4期)中，有这么一段话："在我看来，有两种'大学论'：一是专家著述，发表在各教育学院的学报上的；一是大众发言，刊登于报纸专栏或文化期刊。我本人因专业及趣味，更倾向于所有知识者都必须面对的、也都有权利插嘴的'大教育'。"说得更具体些，有两种谈论大学的立场与姿态，一侧重人文，一归属社科——前者倾向于理想，擅长历史研究，注重文化与精神；后者立足于现实，强调社会调查，突出制度与实践。二者目前各行其是，但最好能合而观之。

我之所以跨越学科边界，在北大开设谈论大学的专题课，是希望同学们不仅在大学念书，还将"大学"作为一种教育形式、一种社会组织、一种文化精神，仔细地阅读、欣赏、品味、质疑。"我所理解的'读大学'，不仅要学具体的专业知识，还要研究生产这种专业知识的机构和机制。这样，你在大学期间所学的知识，才是鲜活的，具有批判性以及再生能力。"文章中还有这么一段自白："正是这种参与感与忧患意识，这种兼及理想性与可行性的大思路，使得我在谈论大学时，不同于一般教育学专家，也不同于充满道德诉求的'愤青'。或许不够专业，但很可能元气淋漓。"（《阅读大学的六种方式》）

我当然重视像《中国大学百年？》（《学人》1998年3月第十三辑）、《大学之道——书院与二十世纪中国教育》（《岭南学报》1999年10月新第一期）、《传统书院的现代转型——以无锡国专为中心》（《现代中国》2001年6月第一辑）、《大学排名、大学精神与大学故事》（《教育学报》2005年第1期）、《文学史视野中的"大学叙事"》（《北京大学学报》2006年第2期）那样的专业论文，可说实话，我更拿手，或者说更受关注的，是那些由演讲或会议发言转化而成的、直面当下困境、立场坚定且表达清晰的报纸文章，比如《我们需要什么样的大学》（《书城》2005年第9期）、《大学公信力为何下降——从"文化的观点"看"大学"》（《中国青年报》2007年11月14日）、《全球化时代的"大学之道"》（《文汇报》2009年3月14日）、《内地/香港互参：中国大学的独立与自信》（《探索与争鸣》2014年第9期）等，短则五六千，长则万把字，没那么多客套话，也不怎么引经据典，好处是旗帜鲜明，但又不情绪化，起码读起来畅快淋漓。

我的《大学新语》（北京大学出版社，2016年）中有一篇《三说"拓展211"》，那是三则短文合并而成的，最初连载于《文汇报》2015年3月27日、4月3日、5月22日。第三篇结尾有一段："我再三陈述拓展211工程的好处，虽获得了不少掌声，但在目前的体制下，基本上是'说了等于白说'。希望来年的全国人大及政协会议上，有河南、浙江等省份的代表及委员不辜负本省区人民的厚爱与委托，联名提案，要求教育部认真思考与答复——不是恳求特殊照顾，而是落实公平原则；不是谋求自家福利，而是努力实现各地区高等教育的均衡发展。"因文章口气很笃定，且无意中涉及两位重要领导，有关部门派人前来打听，问是不是有什么内部指示。我告知只是表达学者立场，来人大大松了口气。这也让我很伤心，原来大家关心的都是"背景"，而不是"道理"。

既然如此，那就继续"白说也要说"吧。双一流工程推出后，我在 2017 年 6 月 1 日《人民日报》发表《"双一流"建设应兼顾效率与公平》，其中有一段略为发挥作用："西部某些没有原 985 大学的省份或自治区（如云南、贵州、青海、广西、内蒙古、宁夏、新疆、西藏），高等教育本就比较落后，越讲'公平竞争'，他们就越没戏。我担心的是，在这次重新洗牌中，他们会不会成为彻底的输家——不仅好看的头衔一个都捞不到，还可能因人才外流而严重受损？中国大学两极分化以及'孔雀东南飞'的现象早就存在，但'双一流建设'很可能加剧这一趋势。如何帮助西部大学培育、引进、留住人才，在我看来，与建设世界一流大学一样，也应该成为国家战略。"为什么强调评双一流不能只看科研成果，还得考虑人才养育，那是因为，在我看来："办教育，国际视野之外，还得添上本土情怀。对于经济比较落后的地区来说，人才的在地化，是个更迫切的大问题。"

2020 年起中美关系紧张，叠加新冠肺炎疫情，我在北大教育学院主办"世界变局与教育未来"学术论坛以及中国教育三十

寻找"新时代中国杰出教育家"的自我陈述（2023 年 10 月）

寻找"新时代中国杰出教育家"颁奖仪式（2023 年 11 月）

论坛第七届年会发表主旨演讲，题为《中国大学"双循环"的必要性与可行性》（《中华读书报》2021年1月27日），提了两个建议：第一，重新理解世界大学发展路径及基本格局，摆脱各种大学排行榜的羁绊，积极开拓高等教育更加广阔的国际交流空间："多年后回望，这个被逼出来的留学对象国的'多元化'，或许反而是好事，起码有更多腾挪趋避的空间与想象力"；第二，"值此中国大学大规模国际化受阻的紧要关头，适当调整发展方向，补上一些短板，提升地方院校办学水平，未始不是好机缘。"当初我在《内地/香港互参：中国大学的独立与自信》（2014）中谈及，"当我们观赏北大、清华高歌猛进的时候，必须回过头来考虑这些非211大学的艰难"，让很多人心有戚戚焉。这次的调整，我相信有很大的回旋空间。

我谈大学的处女作是1998年刊行的《老北大的故事》，那本书引领了一大批以"老大学"为研究对象，兼及文学与学术的图书。此后谈大学历史，开始从硬邦邦的论说与数字，转向生气淋漓的人物和故事。此举起码让大家意识到，大学不是一个空洞的概念，而是一个知识共同体，一个由有血有肉、有学问有精神的人群组成的知识共同体。关于大学历史的讲述，不一定非板着面孔不可，完全可以讲得生动活泼。从"故事"入手来谈论"大学"，既怀想先贤，又充满生活情趣，很符合大众的阅读口味，才会一时间成为出版时尚。

2009年《老北大的故事》推出增订版，我在后记中称："在百年中国的叙事框架中讨论北大的得失与成败，不是一件容易的事，除了思想立场，还牵涉如何进入历史——包括研究的策略与叙述的笔调；兼及'文'与'学'，将历史研究的探索与写作方式的革新结合起来，这是作者小小的梦想；不是专业著述，也不是通常意义上的散文随笔，而是半学术半文章，姑且称之为'第三种笔墨'。"

需要特别说明的，正是这"第三种笔墨"。我谈大学各书，论文与随笔、杂感、演说混编，而不是将学术专著与随笔集分开出版，这里包含我的独特考量——中国那么多综合大学或师范大学，都设有教育学院，兵强马壮，粮草充足，要找专精的个案研究，或漫天撒网的社会调查、对症下药的政策建议，说实话，不缺我一个。我的特长是兼擅史学的立场、批评的眼光、建设者的姿态、散文家的笔调，有兴趣也有能力面向公众发言。而且，既不申请课题，也无发表压力，更不看领导眼色说话，这样的论述姿态，或许也算独一份。

至于著作不够专精，有个人能力问题，但也关涉论学旨趣：早年强调"学者的人间情怀"，中间谈论"压在纸背的心情"，近年则发挥"两耳闻窗外事，一心读圣贤书"。基于此立场，我关于教育的论述不受学院门墙限制，更多面向社会，力求影响大众。当然，因内外各方面的限制，我介入社会变革及思想文化建设的努力，很少有看得见摸得着的贡献。那是因为，谈论此类话题，属于"不说白不说，说了等于白说，白说也要说"。

多年前，曾应邀到中央党校给大学校长班做讲座，谈我的大学理念以及对当下中国大学的看法。提问环节，有位熟悉的朋友称：你说的都很精彩，可惜你没当过校长。我明白他的意思，不是为我抱屈，而是感叹理想与现实的巨大鸿沟，外人很难明白中国大学校长的无数苦恼。我的回应是：没错，我没有站在校长的立场来思考与表达，因我不是校长。中国人喜欢替圣贤立言，这正是文章写不好的重要原因。我非常清楚，自己不是国务院总理、不是教育部长，也不是北大校长，只是一个有一定学养且能独立思考的教授。那好，我就站在学者的立场，表达我对中国大学历史、现状及未来的见解，至于管不管用，不在我考虑范围。

在我看来，中国之幅员辽阔、贫富悬殊，还有城乡、南北等巨大差异，导致谈论教育问题，很难"一言以蔽之"。这个时候，在朝说，在野也要说；校长谈，教授也可谈；大狗叫，小狗也得叫，如此众声喧哗，才是理想状态。明明是小狗，非要假装自己很重要，那样效果不好。所谓"一览众山小"，是有前提的，那就是"会当凌绝顶"。否则，你站在平地，非要做眺望远方科，或俯瞰大地状，那不自欺欺人吗？

明代苏州出过大散文家归有光，有人说他的文章好是好，就是格局太小，吃不住大题目。我在《中国散文小说史》第六章中有一段辨析："文章卓然足称雄才者，不只依赖才气，也关乎身世与地位。曾国藩非常佩服归有光之文不事雕饰而足昭物情，唯一的遗憾是其未能'闻见广而情志阔'（《书归震川文集后》）。曾氏当然明白这不是能力或志趣，而是其没有'早置身高明之地'。倘若归有光、姚鼐一心追求雄奇之气阳刚之文，反倒让人担忧。这篇化柔为刚、雄厉喷薄的'大文章'，只能由'文治武功'的中兴大将曾国藩来完成。"

同样道理，我也未能"早置身高明之地"，只是依旧"位卑未敢忘忧国"。有教育理想，也有现实关怀，能做研究，也能写文章，选择在专业论述与大众传播之间发言，这种言说姿态，使得我之谈论大学问题，确实也只能是"别具一格"而已。

（此乃作者2023年10月24日在西交利物浦大学主办的寻找"新时代中国杰出教育家"高等教育专场的自我陈述，初刊《中华读书报》2023年11月8日）

博士生导师的责任与边界

曾经，在中国，"博导"是个极为响亮的头衔。这当然是误解，但也不无道理——过去确实了不起，如今很平常，历史就是这么走过来的。中国大学自己培养博士，也只有将近五十年的历史。1980年2月，第五届全国人大第十三次会议通过了《中华人民共和国学位条例》，明确规定我国实行世界上大多数国家推行的三级学位制，并从1981年1月1日起开始实行。1983年5月27日，国务院学位委员会和北京市人民政府在人民大会堂隆重举行博士和硕士学位授予大会，其中包括新中国首批18名博士（来自中国科学院系统的有12人）。

北大最早通过博士论文答辩的是数学系的张筑生，时间是1982年7月6日。而文科各系大都按部就班，没去抢占那个徒有虚名的"最早"。也正因此，北大文科各系颁发博士学位的时间普遍晚于复旦、南大、北师大等兄弟院校。我熟悉的朋友中，好几位是北大文科各系的第一批博士生，如陈来1985年毕业（哲学系），温儒敏和我1987年毕业（中文系），阎步克1988年毕业（历史系）。

中国博士学位制度刚建立时，博士生导师的遴选十分严格，需国务院学位委员会批准。以后逐渐放开，到了四十年后的今天，起码在北大等名校，博导成了普通的工作岗位。如今各系规定不一样，有长聘制副教授才可以带的，也有预聘制副教授就可以带。

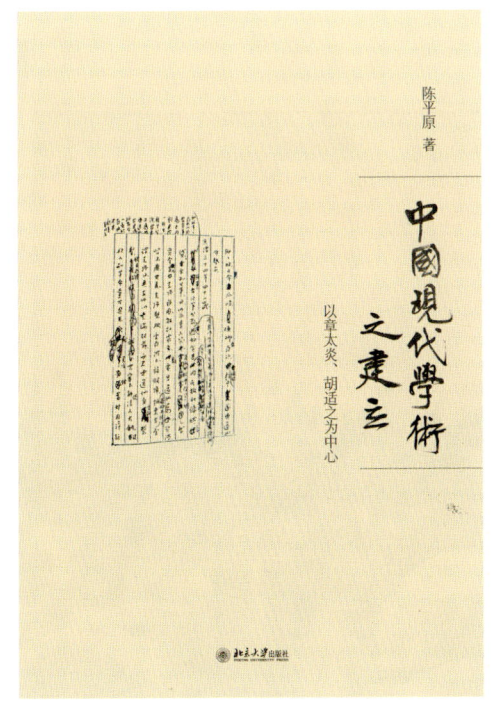

《中国现代学术之建立:以章太炎、胡适之为中心》
(北京大学出版社 2020 年版)

应该这么说,今天中国名校的教师招收并指导博士生,已是家常便饭,没什么好吹嘘的了。

即便如此,"博士生导师的责任与边界"也还是需要厘清的。"北京大学 2023 年新聘任博士生导师论坛",旨在为全校 400 余位新聘博士生导师提供了解政策、学习经验、交流思想的平台。此举当然很重要,只是相对于上级领导交代政策、职能部门强调规范以及各位新聘导师提问请教,我这样的专家经验分享,其实最不可靠。为什么?因一旦涉及自身"在博士生培养中的经验与感悟、心得与体会",必定是很个人化的。而文科理科工科医科,对

北京大学博士生导师论坛(2023年)

在北京大学博士生导师论坛【演说】（2023年）

论文质量的评价方式以及如何培养拔尖创新人才，其做法可谓天差地别。

举个例子，我曾花费很大力气，给一位医科出身的大学校长（不是本校的）解释，为何我反对人文学教授与自己在读的博士生联名发表论文，不说其中可能存在猫腻，单是这些论文日后很可能被整合进该生的毕业论文中，你就明白我的担忧。这就是现代巨型的综合大学的复杂性——你以为理所当然的，换一个领域的学者，很可能觉得是天方夜谭。比如，我对以科研经费定级别、以英文论文论英雄的做法很不以为然，这些都属于人文学者（甚至是中文系教授）的立场，并不具备普遍性（参见《学科升降与人才盛衰——文学教育的当代命运》，《中华读书报》2022年5月25日）。

这么说，难道不同学科在如何指导博士生方面就没有任何共通性？那也不对，还是有些经验与教训值得一提的。我最想跟新聘博士生导师说的，就是下面三句话：第一，愿意为学生花时间；第二，尊重学生的自主选择；第三，关爱但不溺爱学生。

先说第一句，什么叫"愿意为学生花时间"？对于受过良好训练且学有专长的教授、副教授来说，指导博士生不是一件难事，难在必须花不少时间。道理并不复杂，就说两件趣事，大家自己体会。

2018年10月，著名作家金庸先生去世，《明报月刊》准备出纪念专号，指定题目要我谈与金庸先生合招博士生的事。当初新浙江大学成立，请查良镛先生出任人文学院院长，既有减少四校合并中人事矛盾的考虑，也是借用其巨大名声，为新浙大造势。金庸先生不熟悉大学情况，对招收博士生提出不切实际的高标准，且定位不是很准确，因而引来学界一片嘘声。正是在此背景下，我在一次学术会议上提出，与其让金庸在历史系招收隋唐史或中西交通史方向的博士生，不如在中文系招收"历史和文学"方向的博士生。没想到浙大从善如流，与金庸先生一番协商后，真的打出招牌，让他和我合带博士生。教书是一种职业，带博士生也没什么稀奇，只是有些技术性的关卡必须把握。外行人或许很难理解，晚年的金庸，在浙江犹如神一般的存在，一旦大驾光临，马上被政商各界重要人物包围。一般教授（包括我这个合作者），不是想见就能见的；更不要说他亲自指导的学生了。于是我向浙大建议：让这三个博士生以交换生的身份，到北大跟随我一年半载，一来调整研究思路，二来准备论文，三来摆脱媒体的纠缠。没想到此举被有心人解读为不信任浙大以及金庸的学术水平，害得我赶紧后撤（参见《很遗憾，没能补好台》，《明报》2015年8月1日；《重提与金庸先生合招博士生》，《明报月刊》2018年第12期）。以我教书几十年的经验，指导博士生的第一要诀，就是愿意为他/她们花时间。再伟大的导师，也没有本事三言两语就让懵懂的学生长成参天大树——除非那人是天才，或已经是成熟学者。

今年9月，人民文学出版社为我的《花开叶落中文系》增订版举办新书发布会，提问环节，有读者问及我的读博经历以及指导研究生细节，人文社剪辑成短视频，在网上广泛传播，推出十天，阅读量35.1万，转发量1.7万，大大出乎我和出版社的意料。

还有人专门来电询问，你说你每周都跟自己指导的研究生吃一次饭，是真的吗？我告诉他已经二三十年了，只要在京，就坚持这么做。不过，不是在饭馆，而是在办公室，且各自打饭，主要目的是聊天。在我看来，专业问题，课堂上解决；私下闲聊，不设题目，上天入地，这才叫"熏陶"。学生天资、性情、机遇不同，无法保证每个人都成才；但当老师的，尽最大可能扶正祛邪，助力成长。这里没有一定之规，也不是理论问题，关键在愿不愿意花时间，能否设身处地，体贴但不纵容，跨越代际鸿沟，跟他们一起成长——这么说并非矫情，每代人都有自己的长处与局限；带学生起码使得我心态较为年轻，不怎么故步自封（参见《我的教育理念及实践》，《中华读书报》2023 年 11 月 8 日）。

学生很忙，平日没事，不见得愿意跟你闲聊天；但你最好能提供固定的时间表，比如 office hours（办公时间），或我的午餐聚会，让他们不管是学术问题、生活问题还是心理问题，随时可以找你聊。新聘的博士生导师，正处在学术冲刺阶段，加上很可能"上有老下有小"，自己都忙得四脚朝天。可即便如此，给学生预留请教学问乃至必要的闲聊时间，我以为是当老师的职责。为什么把"必要的闲聊"也算进来？那是因为，今天的学生压力很大，一不小心就会出现心理问题。若问题严重，只能寻医就诊；但在最初阶段，好导师是能敏感意识到且有能力帮助排忧解难的。这也是我跟学生聊天并不总是很学术的缘故。

第二句话，请"尊重学生的自主选择"。当然，这说法很人文，且立意高远，不见得每个人都能接受。朋友告知，每年招收那么多博士生，日后真正成才的，即便是名校，占比也都不大。只有顶尖学校的顶尖学生，才能运用我的指导方针，不给学生出题目，逼着学生自己寻路。这么做，危险系数很大，一是学生若愚笨，实在找不到合适题目，像没头苍蝇一样乱转，你看着心里很难受；二是学生感兴趣的选题不在你的视野内，这个时候，作为导师你必须补课，再陪着学生往前硬闯。大部分情况下，导师更愿意出题目拿经费，让学生打下手，那样合作共荣，双方各得其所。工科这么做顺理成章，人文学科也这么做，则很可能导致学生永远长不大，最多克隆小一号的导师。基于北大争创世界一流的理念，我以为逼着学生自己选题更合适。

这么说是有缘由的。二十年前，为纪念中国博士学位制度建立二十周年，我应教育部学位办的约请，撰写了《"好读书"与"求甚解"——我的"读博"经历》(《学位与研究生教育》2003年12期)，其中有这么一段：今日中国学界，不管是理工医农，还是人文社科，名气越大的博士生导师，越像运筹帷幄的"将军"或"老板"，将众多研究生编入自己的课题组，分派题目，合作攻关。这种工科教授得心应手的操作方式，用到文科，好处是学生上路快，而且旱涝保收；缺点则是可能限制学生才华的发挥，就好像是孙悟空永远跳不出如来佛的手掌心。清代大学者戴震说过这么一句惊心动魄的话："大国手门下不出大国手，二国手、三国手门下教得出大国手。"(见段玉裁《戴东原先生年谱》)为什么？我想，最大的可能性是："大国手"所具有的无边法力与无上威严，成了其"门下"自我表达以及突围的巨大障碍；而"二国手""三

"陈平原'学术史三部曲'研读会"后合影（2020年）

部批评教育,但希望家丑不外扬。这是很大的学术禁忌,每个博士生导师都必须切记。

我想特别提醒的是,有时并非刻意剽窃,而是师生的研究无意中撞车,尤其是关键性史料的发现与阐释,这个时候该如何取舍?我倾向于北大中文系老教授林庚先生三十多年前的说法:出现这种尴尬局面,则老师必须退;理由是,你比他/她资深,占有更多资源,回旋余地也更大(大意如此)。若木未成舟,改为合作,也无不可;但若学生已经完工,作为导师,你不该抢先发表。多一篇论文,在你只是锦上添花,在他/她则可能生死攸关。

当导师的,应尽可能关爱学生,但我不欣赏"妈妈导师"或"爸爸导师"。现在的孩子们大都自尊心很强,更注重个人隐私,并不喜欢导师"无微不至"的关怀。有些私事,学生征求意见,你可以帮助出主意;若非如此,不要过多关切。以前长辈表达关爱的言语,比如你为什么还不结婚?到底喜欢什么样的男/女朋友?你为何这么胖/瘦?如今都显得不合时宜,弄不好还会被解读为"挑衅"或"骚扰"。这方面,不同世代的学者理解迥异。另外,国内与国外培养的博士、人文与理工的教授,对人际关系的理解与把握,也会有比较大的差别。

考虑到新导师与博士生的年龄差距不大,性格开朗的教授,往往喜欢与学生打成一片。此种介于师友的自我定位,好处是心心相印,彼此关爱,很容易沟通与对话。即便如此,我还是想提醒:师生之间最好有"边界",导师必须保持一定的威严。若彻底失去距离感,学生会把你的话当耳边风,觉得什么都是可以商量的，也就是俗话说的"没大没小"。若形成这种局面，平时没关系，万一面临需做出痛苦抉择、千钧一发之际，导师难以发挥有效的指导作用。这是很残酷的教训，须未雨绸缪。

我始终记得读博时导师的话：在北大念书，你就是我的学生，我们之间并不平等。等到你毕业了，我们是同事，那时才完全平等。当初被王瑶先生规训时，心里不是很舒服；可慑于导师的威严，我接受他的劝诫——拒绝"出名要早"，不过分挥霍才华。事后想想，这个策略是对的。今天我也一样，对待在读的博士生，关爱并不怎么挂在脸上，喜怒也不太形于色，目的是保留某种学术威严，以备不时之需。

2023年12月4日于京西圆明园花园

（此乃作者2023年12月12日在"北京大学2023年新聘任博士生导师论坛"上作为资深博导的"经验分享"，初刊《中华读书报》2024年1月3日）

王瑶先生研究资料

(1980—2023)

第一部分 生平、活动及其他

1. 王瑶、冯其庸教授来我校讲学（王文金），《河南师大学报（社会科学版）》1980 年第 6 期

2. 王瑶和钱谷融教授分别到我院作学术报告（文斌），《天津师院学报》1981 年第 3 期

3. 王瑶、田仲济教授应邀来我院作学术报告（修艮），《武汉师范学院学报》1981 年第 4 期

4. 山西省大专院校纪念鲁迅诞辰一百周年学术讨论会在太原隆重举行——王瑶教授应邀在大会作学术报告（春山），《山西师院学报》1981 年第 3 期

5. 王瑶先生《鲁迅作品论集》即将出版（青），《鲁迅研究动态》1984 年第 4 期

6. 王瑶赴日讲学（冰），《中国现代文学研究丛刊》1985 年第 1 期

7. 王瑶教授来我校作学术报告（颜钊），《贵州师范大学学报》1986 年第 2 期

8. 中文系邀请王瑶教授作有关现代文学的报告（刘莹），《中山大学学报》1986 年第 4 期

9. 回顾和瞻望——王瑶先生在"鲁迅研究教学研讨会"上的发言（据录音整理），《鲁迅研究动态》1988 年第 8 期

10. 著名文学史家王瑶追悼会在京举行，《人民日报》1989 年 12 月 29 日

第 2 版

11. 挽诗——悼念王瑶同志（季镇淮），《人民日报》1990 年 1 月 9 日第 8 版

12. 王瑶先生逝世，《鲁迅研究月刊》1990 年第 1 期

13. 王瑶先生生平，《鲁迅研究月刊》1990 年第 1 期、《中国现代文学研究丛刊》1990 年第 1 期、《新文学史料》1990 年第 2 期

14. 哀悼王瑶先生（唐弢），《鲁迅研究月刊》1990 年第 1 期

15. 我的老乡——王瑶先生（贾植芳），《鲁迅研究月刊》1990 年第 1 期；《文汇报》1989 年第 24 期

16. 一个冷隽的人，一个热忱的人——悼昭琛师（乐黛云），《鲁迅研究月刊》1990 年第 1 期

17. 哭宗师王瑶先生（陆耀东），《鲁迅研究月刊》1990 年第 1 期

18. "马亦怀兮仆亦哀"——哭王瑶师（黄侯兴），《鲁迅研究月刊》1990 年第 1 期

19. 悼王瑶先生（王富仁），《鲁迅研究月刊》1990 年第 1 期

20. 最后的和最初的日子——悼念王瑶先生（吴福辉），《鲁迅研究月刊》1990 年第 1 期

21. 无题（赵园），《鲁迅研究月刊》1990 年第 1 期

22. 天夺我师　欲哭无泪——悼王瑶先生（王晓明），《鲁迅研究月刊》1990 年第 1 期

23. 为人但有真性情——怀念王瑶师（陈平原），《鲁迅研究月刊》1990 年第 1 期

24. 含憾客故海上　遗爱在我人间——"追思王瑶先生座谈会"发言摘要（谢伟民、董炳月据录音整理），《鲁迅研究月刊》1990 年第 1 期

25. 挽联、唁电、挽诗选刊（钟敬文、季镇淮、范宁、陈贻焮、王元化、

伊藤虎丸、木山英雄等),《鲁迅研究月刊》1990 年第 1 期

26. 站在王瑶先生的身后(陈思和、王晓明),《上海文论》1990 年第 1 期

27. 王瑶先生印象(张毓茂),《当代作家评论》1990 年第 1 期

28. 治学精神与人格力量——悼王瑶师(钱理群),《群言》1990 年第 3 期

29. 思念长留天地间——王瑶先生追思会侧记(董炳月),《中国现代文学研究丛刊》1990 年第 1 期

30. 真正的学术带头人——对王瑶同志的永恒怀念(吴奔星),《徐州师范学院学报》1990 年第 2 期

31. 学界泰斗　赤子情怀——王瑶先生祭(黄曼君),《荆州师专学报》1990 年第 2 期

32. 王瑶——对我影响最深的老师(金开诚),《群言》1990 年第 7 期

33. 悼王瑶先生(董大中),《山西文学》1990 年第 7 期

34. 忆王瑶先生(钱谷融),《文学报》1990 年第 18 期

35. 王瑶年谱(杜琇),《新文学史料》1990 年第 3 期

36. 回忆四十年代的王瑶学长(季镇淮),《新文学史料》1990 年第 3 期

37. 他拥有绿色的永恒(孙玉石),《新文学史料》1990 年第 3 期

38. 王瑶先生:在会长与主编的岗位上(樊骏),《新文学史料》1990 年第 3 期

39. 《王瑶先生纪念集》(《王瑶先生纪念集》编辑小组编),天津人民出版社,1990 年(附目录)

    (1)　王瑶先生生平

    (2)　哭昭琛(吴组缃)

    (3)　怀念昭琛兄(林庚)

（4） 回忆老同学王瑶同志（张恒寿）

（5） 哭昭琛（朱德熙）

（6） 宛在的音容（赵俪生）

（7） 回忆四十年代的王瑶学长（季镇淮）

（8） 昭琛二三事（范宁）

（9） 怀念昭琛——中国现代文学史的奠基人（何善周）

（10） 痛悼王瑶学长（华忱之）

（11） 吊王瑶学长（李为扬）

（12） 悼王瑶同志（张新铭）

（13） 念昭琛（程千帆）

（14） 寄王瑶同志（臧克家）

（15） 哀悼王瑶先生（唐弢）

（16） 在他最后的日子里——向王瑶同志告别（王元化）

（17） 怀念王瑶同志（林焕平）

（18） 我的老乡——王瑶先生（贾植芳）

（19） 怀念（王士菁）

（20） 文章与友谊（张毕来）

（21） 哭王瑶先生（钱谷融）

（22） 真正的学术带头人（吴奔星）

（23） 平生风义兼师友　不敢同君哭寝门（吴宏聪）

（24） 哲人其萎，吾将安仰（陈则光）

（25） 敬悼王瑶先生（杨勇）

（26） 人去风范在（叶子铭）

（27） 哭宗师王瑶先生（陆耀东）

（28） 心中的丰碑（严家炎）

（9）从麻木中挤出的回忆——王瑶师逝世一周年祭（钱理群）

（10）最后的和最初的日子（吴福辉）

（11）学魂（凌宇）

（12）王瑶先生杂忆（赵园）

（13）写出的与写不出的（温儒敏）

（14）深切怀念王瑶先生（任伟光）

（15）念王瑶先生（陈平原）

（16）瑶华圣土——记王瑶先生与清华大学（徐葆耕）

（17）风雨燕园四十载——王瑶先生与北京大学（孙玉石）

（18）"挣扎"的意义——读《王瑶全集》（钱理群）

（19）我的老同学（韦君宜）

（20）文件中的王瑶（陈徒手）

下辑　治学犹能通古今

（21）论文学史家王瑶——兼及他对中国现代文学学科建设的贡献（樊骏）

（22）王瑶的中国文学史研究方法论断想——以《中古文学史论》为中心（孙玉石）

（23）他是"清华"的，也是"古典"的——王瑶先生与中国古典文学研究（钱鸿瑛）

（24）王瑶先生对中古文学研究的贡献（葛晓音）

（25）《中国新文学史稿》的历史地位（黄修己）

（26）王瑶《中国新文学史稿》与现代文学学科的建立（温儒敏）

（27）某种启示：鲁迅研究史过程中的王瑶先生（高远东）

（28）清华薪火的百年明灭——谒王瑶书（夏中义）

（29）我理解的王瑶传统（钱理群）

(30) 编后记

67. 《王瑶文集》出版旧事一则（谢泳），《中华读书报》2014年5月14日第3版

68. 关于《王瑶文集》的编辑（董大中），《中华读书报》2014年5月21日第3版

69. 患难见真情——追记两种王瑶图书的刊行（陈平原），《中华读书报》2014年5月21日第3版

70. 王瑶先生的学术智慧（王得后），《中华读书报》2014年5月28日第13版

71. 从"进步"的执迷到"保守"的重申——王瑶的新文学史研究之反省及其他（解志熙），《汉语言文学研究》2014年第2期

72. 精神的魅力——在2014年5月7日北京大学"王瑶与20世纪中国学术"研讨会上的发言（陈平原 等），《现代中文学刊》2014年第3期"王瑶先生诞辰一百周年纪念"专辑

73. 从最初到最后的日子里——为王瑶先生诞辰一百周年的零星感想（孙玉石），《现代中文学刊》2014年第3期（"王瑶先生诞辰一百周年纪念"专辑）

74. 论王瑶鲁迅研究论著的文化底蕴——纪念王瑶先生诞辰一百周年（张梦阳），《现代中文学刊》2014年第3期（"王瑶先生诞辰一百周年纪念"专辑）

75. 大学内外——建国初期王瑶的新文学史写作（孙晓忠），《现代中文学刊》2014年第3期（"王瑶先生诞辰一百周年纪念"专辑）

76. 思想方法的内在支援——重读王瑶1980年代有关现代文学学科重建的论述（姜涛），《现代中文学刊》2014年第3期（"王瑶先生诞辰一百周年纪念"专辑）

77. "纪念王瑶先生诞辰一百周年"（书讯：《中古文学史论》《阅读王瑶》《王瑶先生百年诞辰纪念集》），《现代中文学刊》2014年第3期

78. 关于王瑶的两封信（蔡振翔），《南京师范大学文学院学报》2014年第2期

79. 八十年代的王瑶先生（陈平原），《文学评论》2014年第4期

80. 作为史家的王瑶与陈寅恪学术路径之交集蠡测（仲济强），《云梦学刊》2014年第6期

81. 纪念王瑶先生诞辰100周年·主持人语（陈平原），《北京大学学报》2014年第6期（"纪念王瑶先生诞辰100周年"专辑）

82. "一二·九"与王瑶先生的学术起点（姜涛），《北京大学学报(哲学社会科学版)》2014年第6期（"纪念王瑶先生诞辰100周年"专辑）

83. 王瑶与"清华学风"——兼及《中古文学史论》的方法与意义（张丽华），《北京大学学报(哲学社会科学版)》2014年第6期（"纪念王瑶先生诞辰100周年"专辑）

84. "精神的魅力——王瑶与20世纪中国学术"研讨会（李浴洋），《中国文学年鉴》2015年，2014年5月8日"搜狐教育"

85. 在政学、文史、古今之间——吴组缃、林庚、季镇淮、王瑶的治学路径及其得失（陈平原），《北京大学学报》2015年第3期

86. 共和国初期现代文学史的生产与建构——以五月八日王瑶致"叔度同志"信件考释为中心（袁洪权），《文艺争鸣》2015年第6期

87. 沿着鲁迅的道路——对王瑶与陈平原之学术研究的不完全考察（刘克敌），《海南师范大学学报》2015年第10期

88. 中古文学的"史法"与"论法"——王瑶《中古文学史论》研究方法初探（杨夏月），《史志学刊》2016年第4期

89. "人与学科史"关系的两种书写（以王瑶为例）——对陈平原《作为学

科的文学史》的一个旁白（夏中义），《文艺争鸣》2016年第10期

90. 王瑶的《中国新文学史稿》与"当代文学"的诞生（曾令存），《嘉应学院学报》2017年第3期

91. 思想改造运动中的王瑶（1949—1958）（丁永全），南京大学硕士学位论文，2017年

92. 《王瑶与现代中国学术》（陈平原编），北京大学出版社，2017年

  "文学史研究丛书"总序（陈平原）

  小引（陈平原）

  第一辑

  （1）"现象比规律更丰富"——王瑶的文学史研究片谈（解志熙）

  （2）"史论"之特征，史家之个性——《中古文学史论》的"史论"特征与王瑶的学术个性（高恒文）

  （3）王瑶与"清华学风"——兼及《中古文学史论》的方法与意义（张丽华）

  （4）大学内外——建国初期王瑶的新文学史写作（孙晓忠）

  （5）论王瑶鲁迅研究论著的文化底蕴——纪念王瑶先生诞辰一百周年（张梦阳）

  （6）思想方法的内在支援——重读王瑶二十世纪八十年代有关现代文学学科重建的论述（姜涛）

  第二辑

  （7）胆欲大而心欲小　智欲圆而行欲方——《王瑶文选》序言（孙玉石）

  （8）"一二·九"与王瑶先生的学术起点（姜涛）

  （9）王瑶1956年的山西行和一篇演讲（谢泳）

  （10）读王瑶的"检讨书"（钱理群）

（11）八十年代的王瑶先生（陈平原）

（12）学术史视野中的王瑶先生——陈平原教授专访（陈平原、张丽华）

第三辑

（13）从最初到最后的日子里——王瑶先生诞辰一百周年的零星感想（孙玉石）

（14）他是一位这样的引路人——忆王瑶先生（刘增杰）

（15）王瑶先生的学术智慧（王得后）

（16）追忆王瑶先生（段宝林）

（17）王瑶先生的九句话（钱理群）

（18）怀想王瑶先生——以此纪念他的百年诞辰（吴福辉）

（19）走近王瑶先生（赵园）

（20）王瑶：最有精神魅力的人文学者（温儒敏）

（21）"学者百年"与"百年学者"（陈平原）

（22）书比人长寿——典藏版《中古文学史论》小引（陈平原）

（23）作为山西学人的王瑶先生（陈平原）

第四辑

（24）精神的魅力——在2014年5月7日北京大学"王瑶与20世纪中国学术"研讨会上的发言（陈平原、陈跃红、温儒敏、严家炎、王得后、黄侯兴、赵园、谢冕、解志熙、高恒文、钱理群、吴福辉、卓如、李怡、张恩和、谢伟民、郭小聪、何锡章、姚锡佩、张海波、王风等）

（25）"从百年读书人困窘看王瑶"（彭苏）

第五辑

（26）我的检查（1967年3月25日）（王瑶）

（27） 关于我的"材料"的一点说明（王瑶）

（28） 关于王瑶："文革"前后的一个案例（王培元）

93. 关于"历史化",及其相关实践在我们——以王瑶和唐弢等为例（吴俊等），《中国现代文学研究丛刊》2017年第10期

94. 史料·史识·史述——论王瑶《中古文学史论》的研究方法（姚义斌），《重庆第二师范学院学报》2017年第6期

95. 作为学术史人物的王瑶——兼评王瑶与现代的《中国新文学史稿》等书写》（文学评论》2018年1月8日第3版

96. 王瑶传研究的又科性探索（言文），《扬子江评论》2018年第1期

97. 从"纪念王瑶",到"王瑶研究"——张旭东水原谈《王瑶与现代化中国》（言文），《文汇读书周报》2018年7月2日第D56版

98. 开启现代文学研究新时代的大师——王瑶先生纪念《北京社科学报会·田俊教学术讨论会纪实》（蒋寅），《当代作家评论》2018年第4期

99. 王瑶关于《鲁迅作品论集》书信三通辑录（言文），《现代中文学刊》2018年第4期

100. 我所见识与王瑶的到鲁——论王瑶的《中国新文学史稿》（张全之），《海南师范学院学报》2019年第1期

101. "王门"：文持文学的学术共同——兼谈王瑶与孔德芬的文学类谈题），《哈尔滨师范大学社会科学学报》2019年第2期

102. 论王瑶对中古文学中发生原流之风的理（曹栋），《知识文库》2019年第7期

103. 先师为话的《放事新编》散论》（刘瑜），《东岳论丛》2019年第3期

104. 来自谦且记之王瑶先生与多里北京略录例（陈瑜），《渤海大学学报》2021年第3期